COLLECTION « ACTION POETIQUE »

dirigée par
Henri Deluy et Jacques Roubaud

la tête dedans

La tête dedans

Mythes, récits, contes, poèmes
des
Indiens d'Amérique latine

publiés par
Jacqueline Baldran et Ruben Bareiro-Saguier

avec la participation de
André-Marcel d'Ans, Alicia Barabas, Miguel Bartolomé, Juan Belaïeff, Patrice Bidou, Ariane Bouissou, Léon Cadogan Pierre Clastres, Maxence Coleville, Michel Constans, Rosalind Gow, Mireille Guyot, Jon Landaburu, Pierre Lartigue, Jacques Lizot, Claude Mercier, Aurore Monod-Becquelin, Christine Münzel, Marc Münzel, Ana Pizarro, François Queixalos, Jean-Patrick Razon, Marcial Samaniego Gérald Taylor.

FRANÇOIS MASPERO
1, place Paul-Painlevé
Paris-V^e^
1980

ISBN 2-7071-1146-5

En hommage à Pierre Clastres

III

Connu le fondement de la Parole future,
en son divin savoir des choses,
savoir qui déploie les choses,
il sait alors pour lui-même
la source de ce qui est destiné à rassembler.
La terre n'existe pas encore,
règne la nuit originaire,
il n'y a pas de savoir des choses :
du savoir qui déploie les choses,
il sait alors pour lui-même
la source de ce qui est destiné à rassembler.

IV

Déployé le fondement de la Parole future,
connu Un ce qui rassemble,
du divin savoir des choses,
savoir qui déploie les choses,
il fait jaillir, unique,
la source du chant sacré.
La terre n'existe pas encore,
règne la nuit originaire,
il n'y a pas de savoir des choses :
il fait alors jaillir, unique,
la source du chant sacré.

Le Grand Parler

Editions du Seuil
Paris, 1974

Comment ne pas se souvenir de Pierre Clastres quand il s'agit de textes amérindiens ? A moi qui possédais la langue de mes ancêtres, il me fit découvrir la beauté de la parole guarani et la profonde richesse de sens qu'elle cachait. Il m'a appris la dignité de ma langue indienne, perdue, usée pendant le long processus colonial.

Avec la passion des voyageurs-découvreurs du XVIe siècle — les Léry, Thevet, d'Aubeville —, Pierre Clastres pénétra dans la diversité de la société des « sauvages de la forêt » et montra la légitimité de leurs coutumes et de leurs institutions.

Dans la ligne de la pensée de La Boétie, auteur qu'il a spécialement étudié, Pierre Clastres ébaucha à partir de ces communautés une théorie politique, une philosophie de la conduite sociale, malheureusement interrompues par une mort prématurée et absurde.

Mais il a achevé la transposition en français des mythes et des chants des Indiens Guarani. Ses admirables traductions, présentées dans *Le Grand Parler* (Le Seuil, 1974), resteront un exemple de « complétude » poétique où la ferveur s'allie à l'art du dire, tout particulièrement lorsque Pierre Clastres rapporte ces Belles Paroles qui l'ont profondément touché.

R. B.-S.

Avant-dire

La terre n'existe pas encore,
règne la nuit originaire,
il n'y a pas de savoir des choses :
il fait alors jaillir, unique,
la source du chant sacré.

Le Fondement de la parole

Comme une pierre polie aux aspérités de la douleur, de l'amour et de l'espoir, chants, poèmes et récits continuent à passer de bouche en bouche. Nous les appréhendons dans leur halo de poésie et de mystère, mais ils gardent souvent secret le réseau de significations qui se cache derrière la réverbération des mots. Ils sont la mémoire collective des peuples qui a survécu à des siècles d'oppression.

Des cultures marginalisées

La langue des conquérants, instrument et preuve de leur domination, réduisit au silence les cultures indiennes dominées. Certes, bien des langues autochtones ont survécu, même dans les régions totalement soumises au pouvoir espagnol, mais elles furent alors utilisées à des fins précises d'évangélisation et de colonisation.

Pour convertir plus aisément les Indiens, les missionnaires recoururent à des langues véhiculaires, appelées *lenguas generales* et parlées sur les terres correspondant aux diverses cultures qui prédominaient en Amérique au moment de la conquête. En 1770, deux siècles plus tard, le souverain espagnol Charles III ordonnait « que les diverses langues employées sur les terres de l'empire disparaissent et qu'on ne parle plus que l'espagnol », tandis que le décret d'expulsion des Jésuites chassait d'Amérique ceux-là mêmes qui avaient appris, enseigné et sauvegardé ces langues autochtones.

Le Paraguay, où le guarani est encore aujourd'hui une langue nationale, fut le lieu privilégié de l'expérience tentée par la Compagnie de Jésus, mais également le cas exemplaire d'un processus ethnocidaire sur le plan littéraire. Toute la production littéraire guarani orale, grands poèmes cosmogoniques, théologiques, éthologiques, avait un caractère religieux pour ce peuple profondément croyant et pour lequel la parole était, par essence, divine et rituelle. Or le guarani, vidé de sa substance, coupé de ses racines religieuses, ne fut plus que le véhicule d'une littérature chrétienne destinée à l'édification des fidèles et contribua au processus de domination culturelle ; il a gardé intacte sa structure linguistique et le détournement s'est opéré au niveau d'une « resémantisation ».

Aucune expression de la littérature traditionnelle guarani n'a été recueillie pendant quatre siècles et seule la mémoire collective perpétua la parole sacrée des ancêtres, noyau et sens ultime de leur culture. Ce n'est qu'en 1914 que furent transcrits, par l'ethnologue allemand Kurt Nimuendaju Unkel, des chants conservés par des groupes survivants ; puis, en 1959, León Cadogan édita un important recueil des textes mythiques mbya.

On pourrait penser que les « hautes cultures » [1] eurent un sort différent. L'éclat de ces civilisations impressionna profondément les premiers conquérants et, au lendemain de la conquête, des missionnaires, des chroniqueurs ou des Indiens qui avaient appris l'alphabet latin tentèrent de sauver les témoignages de ces cultures menacées. On sait, en particulier, l'importance des travaux de Sahagun qui consacra sa vie à rassembler des textes

1. Nom donné aux cultures les plus connues : aztèque, maya, quechua.

nahuatl et d'autres religieux qui s'attachèrent à recueillir les textes capitaux de la Méso-Amérique. Mais ce travail de retranscription fut brutalement interrompu en 1576 par une ordonnance royale qui imposa la destruction de tous les témoignages de l'idolâtrie. Pendant plus de trois siècles, la plupart des manuscrits amérindiens demeurèrent inédits : les textes des informateurs de Sahagun furent publiés vers 1950, la majeure partie des poèmes maya n'a pas encore été traduite et le livre de l'Indien Huaman Poma de Ayala, *Corônica y Buen Gobierno,* n'a été découvert qu'au XXe siècle ; le fait est d'autant plus surprenant que les *Commentaires royaux* du métis Garcilaso de la Vega, el Inca, se référant presque au même sujet, furent publiés en 1609, mais l'ouvrage de l'Indien, accompagné par ailleurs de dessins, parut sans doute plus subversif...

Ainsi ces littératures, pourtant transcrites très tôt, furent également marginalisées et exclues pendant plus de trois siècles du patrimoine littéraire de l'Amérique latine. Ni diffusées ni publiées, elles ne purent servir de moyen de transmission et d'affirmation des valeurs indigènes.

Des cultures condamnées

En présentant ce recueil, nous avons choisi de regrouper les textes amérindiens selon les aires géographiques : Méso-Amérique, région andine, forêt amazonienne, Guaira et Matto Grosso. En effet, la localisation des groupes culturels n'a rien à voir avec la réalité des Etats-nations de l'actuelle Amérique latine, auxquels ils ne sont rattachés que par des liens ténus, parfois inexistants ; ainsi les Mapuche ne se reconnaissent pas comme Chiliens, ils sont « les gens de la terre ». Bien au contraire, les Indiens sont séparés des Blancs par une conception de la société totalement différente.

Par ailleurs, nous avons refusé la fausse hiérarchisation qui privilégie les « hautes cultures » selon un critère ethnocentriste évident : hautes parce que plus proches de la culture occidentale. Récits recueillis chez les Indiens Maya, Quechua ou Chinanteca, poèmes et chants entendus dans une tribu qui vit au plus profond de la forêt ou sur les bords d'un fleuve dont le tracé ne figure sur nulle carte, tous attestent la multiplicité des cultures amérindiennes et leur actuelle survivance.

Nous avons fait appel à ceux-là mêmes qui ont vécu auprès des Indiens, ont enregistré leurs contes et leurs poèmes, les ont traduits ou ont participé à leur traduction [2]. Derrière leurs noms est la voix multiple des peuples.

Tous ces textes sont une création collective et appartiennent à la tradition orale, sauf peut-être les déclarations des Indiens de Colombie et l'étrange message du « prophète » Zarate Mayma, mais le rythme de ces discours, les valeurs qu'ils défendent s'inscrivent bien dans la même tradition.

Chantés ou dits lors d'une circonstance de la vie du groupe, ils sont bien autre chose que ce que nous appelons littérature : ils sont mémoire du passé et manifestation vitale.

Voix radicale de tous et de chacun.

Pour nous qui les lisons, ils témoignent, dans des registres et à des degrés différents, de la vie menacée des cultures indigènes. Si certains récits disent encore le monde mythique et non contaminé des peuples qui ont pu échapper aux pressions civilisatrices, d'autres trahissent l'acculturation, le « contact » plus ou moins sensible ; dans ce cas, la réélaboration du mythe déjà contaminé est à la fois une preuve de l'interférence d'autres éléments et un effort pour leur échapper. D'autres enfin sont le témoignage de l'absolue déchéance, tels les textes des Indiens Aché du Paraguay, ce « peuple qui chante sa mort », expression désespérée d'une lutte impossible et ultime preuve de dignité face à un ethnocide patent.

Cultures condamnées au nom de la civilisation, du progrès, de la propriété privée. Les nations latino-américaines, héritières de l'esprit colonial, ne peuvent pardonner aux descendants des anciens hommes libres de l'Amérique précolombienne leur rêve d'un monde où l'air, l'eau, la lumière et la terre appartiennent à tous et où les fruits de la nature se répartissent également entre tous les hommes.

---

2. Les noms des traducteurs de l'espagnol en français se trouvent à la fin de chacun des textes concernés.

Face à la violence, à la ruse et à la force qui se déploient pour anéantir, lors même qu'il porte témoignage d'une mort inéluctable, demeure le chant nu et profond des Indiens.

Jacqueline BALDRAN
Ruben BAREIRO-SAGUIER

Mexique et Méso-Amérique
Tzeltal, Macehuale, Chinanteca, Chatino

Avant d'être enchantés, c'étaient de simples hommes...

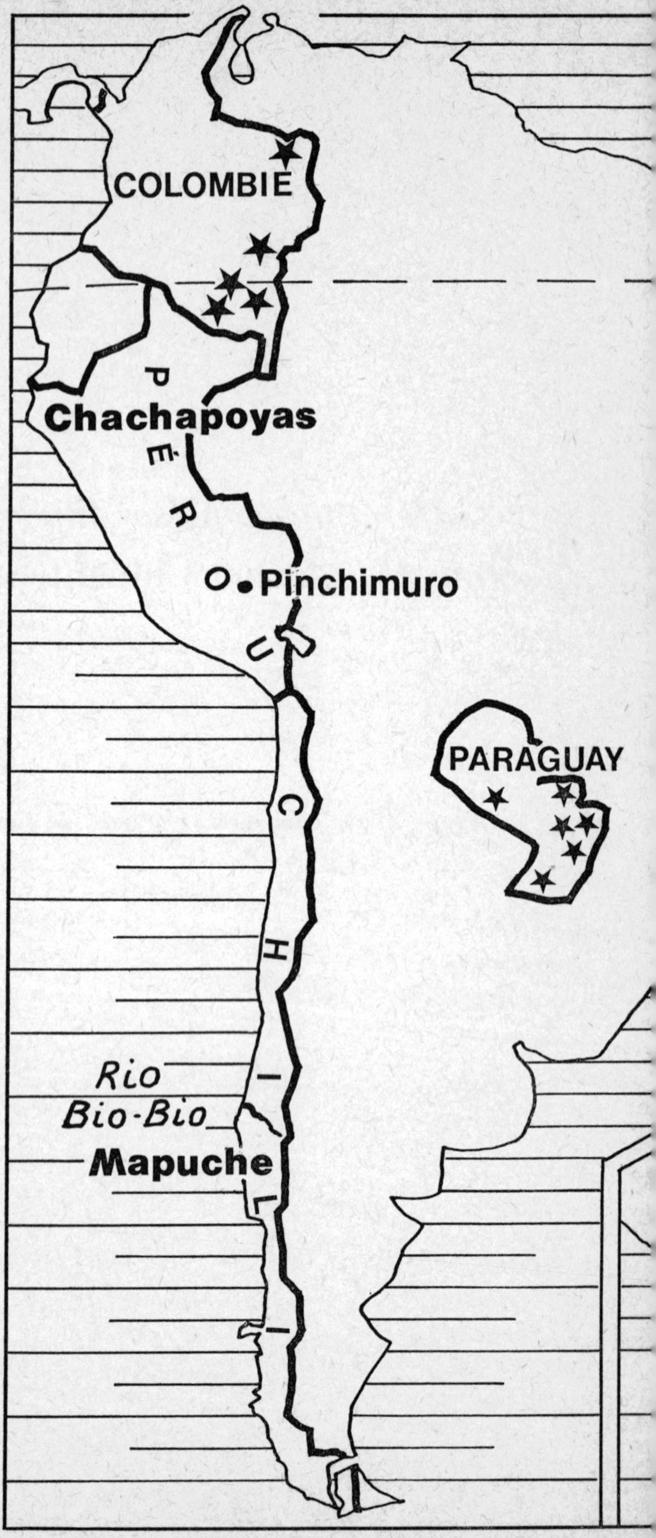

COLOMBIE
PÉROU
Chachapoyas
Pinchimuro
PARAGUAY
CHILI
Rio
Bio-Bio
Mapuche

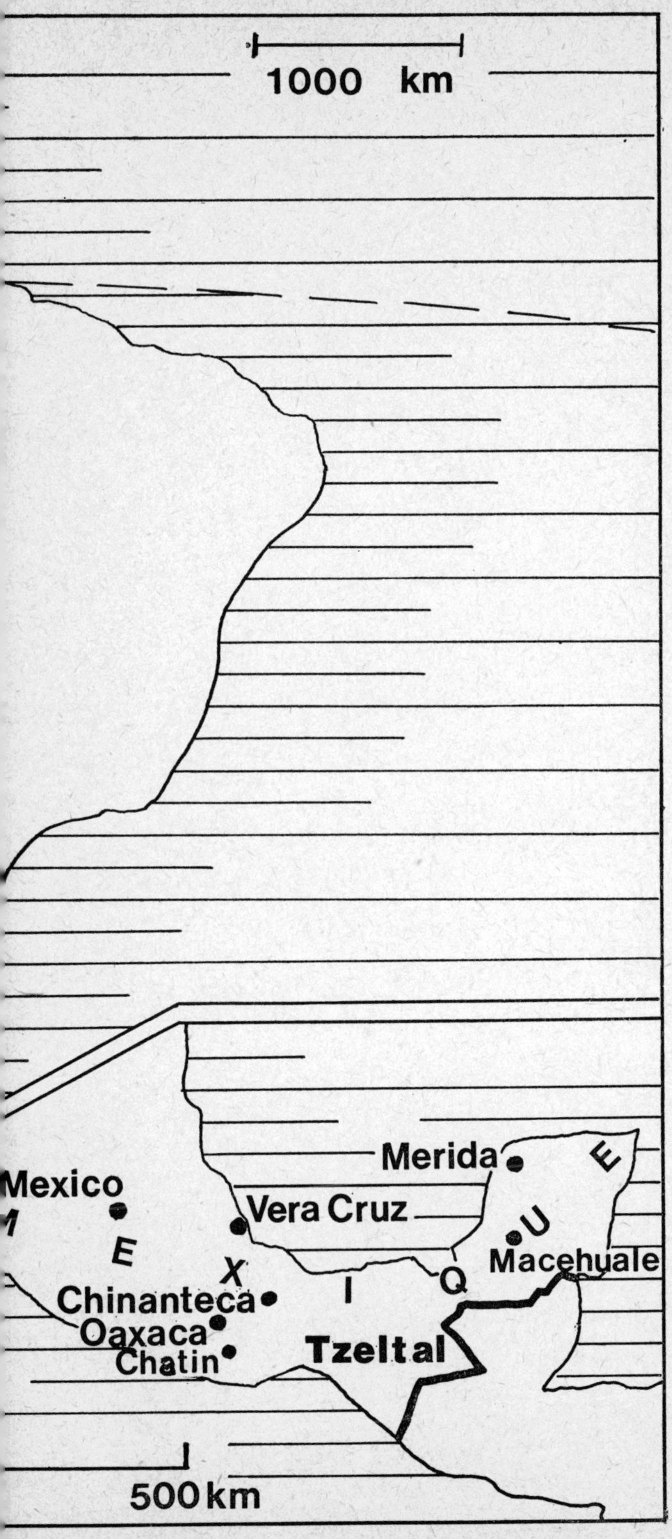

1000 km
Merida
Mexico
Vera Cruz
M E X I Q U E
Macehuale
Chinanteca
Oaxaca
Chatin
Tzeltal
500 km

Les Tzeltal

Les Tzeltal sont un des groupes de langue maya qui vivent dans les hautes terres du Chiapas, province-Etat du Mexique, bordée par le Guatemala et les Etats mexicains de Tabasco, Veracruz et Oaxaca. Dans le seul Etat de Chiapas vivent quatre-vingt mille Tzeltal. Leurs proches voisins (sur les plans culturel et linguistique), les Tzotzil, sont environ cent vingt mille. Fragilité de l'acculturation, instabilité des structures modernes, insuffisance des territoires face à une démographie interne et à une pression externe toutes deux croissantes donnent un visage très contrasté au groupe tzeltal-tzotzil, avec des différences parfois très profondes entre communautés affectant l'organisation sociale, le rituel et même la tradition orale.

Bien que produit par une même œuvre colonisatrice et missionnaire sur un fond maya identique, chaque village rassemble et reconstruit une poussière de traits culturels désajustés dans une organisation sociale originale, où s'imbriquent croyances anciennes et besoins d'insertion dans l'économie du Mexique et où l'on reconnaît la persistance d'un modèle psychologique très vieux en même temps que l'angoisse et parfois la révolte devant les options dérisoires qui leur sont présentées par « les autres », les ladinos.

Les pratiques et croyances religieuses sont fruit d'un syncrétisme entre la tradition des ancêtres et l'introduction de quelques aspects limités de ce qu'on leur a présenté comme le christia-

nisme. A côté des grands mythes traditionnels ou des cycles modifiés (ceux du Soleil, de la Lune, de l'origine du maïs), généralement communs à tous les Tzeltal, la littérature orale possède une riche tradition d'invocations et de dialogues rituels, répertoire réglé par une rhétorique précise et une symbolique puissante, et des contes. Nous en présentons ici trois, choisis parmi les plus simples. Ils ont été racontés par un Tzeltal de Sivaca, village des Chiapas.

Ces trois récits sont si clairs qu'il n'est pas besoin de les commenter pour en extraire on ne sait quel message culturel ou politique ; il n'est que d'écouter cette parole et de croire à ce qu'elle dit : les soldats sont devenus des rats domestiques, le Seigneur a plusieurs chemises, et vive la Sainte Trinité. « Tout cela, c'est tzeltal. »

Le mauvais père, l'origine des rats, les deux chemises du Seigneur, ou comment les Tzeltal racontent l'origine des animaux, les soldats et le déluge au village de Sivaca (Chiapas)

L'origine des rats

Autrefois, dit-on, il n'y avait pas de rats domestiques. Il n'y en avait pas. J'ai entendu dire qu'il n'y avait qu'une seule espèce de rats rouges. On raconte qu'aux temps de la révolution les gens s'entre-tuèrent beaucoup. Beaucoup étaient tués par des soldats. Il y avait d'une part les soldats, et d'autre part les carranza[1]. Eux aussi d'ailleurs mouraient. Mais les carranza étaient bons et protégeaient les habitants des villages, tandis que les soldats étaient méchants et ne respectaient pas les villageois. On les appelait ratons laveurs. Quand la guerre fut terminée, quand il n'y eut plus de guerre, le sang des carranza qui étaient morts donna naissance aux rats. Le sang s'était transformé en rats. On appelait ces rats les carranza. Et c'est ainsi qu'apparut cette espèce de rats. C'est pour cela qu'ils nous suivent et nous courent autour ; et parce que les carranza répandirent leur sang pour nous donner la liberté, nous gardons ces rats. C'est ce que racontent les gens d'autrefois.

1. Carranza envoya en 1914 douze cents hommes au Chiapas, moins pour y porter la révolution, semble-t-il, que pour avoir un contact avec cette région du Mexique. Mais, comme il était à l'origine de l'abolition des réquisitions forcées de main-d'œuvre *(baldios)*, les propriétaires fonciers se révoltèrent sous la direction de Pineda, homme d'une grande famille bien connue de la région. S'il n'est pas sûr que les Indiens fussent carranzistes — ils étaient en fait souvent pillés par les uns comme par les autres —, il est par contre certain que pratiquement tous les *ladinos* ont été pinédistes.

L'apparition des animaux

Un père avait trois fils ; oui c'étaient bien trois fils qu'il avait. Mais ce père était très paresseux ; il ne voulait pas subvenir aux besoins de ses trois fils ; il ne voulait pas travailler ; il ne voulait pas chercher le moyen de les élever.

Mais, un jour, il arriva qu'il se mit à travailler là où il avait son champ. Il dit à sa femme :

— Allons mettre les enfants là-bas pour qu'ils y croissent.

— C'est bon ! répondit-elle.

Alors il attrapa son aîné par la jambe et le jeta là dans la milpa, et des morceaux s'accrochèrent aux épis de maïs et se transformèrent en écureuils ; c'est cela : le premier qu'il attrapa se transforma en écureuils et en tous les oiseaux qui volent, posés sur la pointe des épis. Le deuxième qu'il jeta se transforma et devint tous les animaux qui marchent par terre et ne peuvent pas grimper aux arbres élevés, par exemple les tepezcuintli, les cerfs, les tapirs, et de façon générale tous ceux qui ne peuvent pas monter aux arbres mais qui peuvent seulement marcher par terre. Le troisième qu'il lança devint les animaux qui font des trous dans la terre : par exemple les crapauds, les taupes, et d'autres petits animaux ; le lapin aussi, qui fait son trou quand il va avoir des petits ; et bien sûr le tatou, car les tatous font des trous. Il y avait d'autres animaux aussi : par exemple le serpent couleuvre, qui ne monte pas aux arbres, se meut sur la terre mais fait aussi des trous. Nos vieux ancêtres disent que c'est ainsi que naquirent les animaux, qu'ils sortirent, que ce fut la création. Car les anciens disent que cette création se fit en trois fois, que le père avait trois fils ; c'est l'histoire de la création, la même chose que « un seul dieu qui était trois » ; c'est tout à fait ce que pensaient nos ancêtres au sujet de la création du monde.

Le déluge manqué

Quand devait arriver la fin du monde et que notre père sacré allait vouloir en finir avec les hommes, on dit qu'il avait des tuniques pour cela et qu'avec elles il pouvait les exterminer ; il en avait une rouge et une verte [1]. Quand arriverait le jour décidé, il pourrait faire surgir l'inondation ou le feu. Pour les eaux, c'est la tunique verte ; mais, si nous devons mourir par le feu, il en a une rouge. Quand arrive le jour où tous les hommes doivent mourir, il enlève sa chemise et la secoue.

Autrefois, tout allait bien pour les gens, et puis arriva le moment où il fallut mourir, où tout devait se terminer. Mais tous les gens commencèrent à se réunir pour discuter et se préparèrent à parler ; et ils se réunirent et parlèrent : « On lui donnera du vin et on lui enlèvera sa tunique, disaient-ils, et on la lui cachera, et ainsi nous ne mourrons pas, mais nous serons sauvés. » Ils se préparèrent donc, et quand arriva ce jour ils entrèrent à l'intérieur d'une maison et ils lui donnèrent beaucoup de vin à boire ; il s'enivra et tomba par terre, et il ne sentit pas qu'on lui retirait sa tunique. Ils la lui cachèrent. Et il était nu. Quand vint le moment de la fin du monde, il n'avait pas sa tunique. Il la chercha, car il était nu. « Où est passée ma tunique ? Qui me l'a cachée ? », dit-il. Et il fut ainsi arrêté dans son projet. C'est pourquoi les gens ne moururent pas. Ce furent les oiseaux qui annoncèrent la fin du monde : il ne manquait plus que quatre ou cinq jours avant que le monde ne s'achève, c'étaient les derniers jours de lumière du soleil. Les oiseaux se mirent à raconter que le monde allait finir. Il y avait des oiseaux

1. La symbolique des couleurs est très riche chez les Maya, et les principales d'entre elles sont associées à un grand nombre d'éléments (points cardinaux, vents, éclairs, espèces végétales, etc.) en une combinatoire d'une grande précision.

au bord du fleuve qui chantaient et qui disaient : « Demain, demain ou après-demain, ils se baigneront. » Car les gens allaient mourir dans une inondation. « Ils vont se noyer. » C'est ainsi que parlaient les oiseaux. Pour le feu, c'était pareil : il secouait sa tunique, mais c'était une tunique rouge. Nous ne savons pas bien pourquoi les gens ne sont pas morts par le feu, on ne l'a jamais vu...

Recueillis, présentés et traduits par Aurore Monod-Becquelin

Les Macehuale

Les six ou sept mille Macehuale qui peuplent aujourd'hui l'actuel Etat de Quintana Roo, au Mexique, sont les descendants des Maya rebelles, héros de la guerre des Castes du Yucatan (seconde moitié du XIXe siècle). Cette guerre interethnique, qui dura plus de cinquante ans, fut la tentative désespérée, et néanmoins organisée, de plusieurs milliers de Maya, traqués par l'économie de plantation et le servage, pour expulser de leur terre les envahisseurs blancs : les dzules, *nom qu'ils donnèrent au groupe dominant qui remplaça les Espagnols après l'indépendance nationale.*

A partir de 1847, les Macehuale se retirèrent dans la forêt de l'orient de la péninsule du Yucatan. Là, ils s'organisèrent en une société théocratique et militaire, autour du culte politico-religieux de la Croix-Parlante. Pendant les premières années de la guerre, ils parvinrent à reconquérir une bonne partie des terres qui avaient appartenu à leurs ancêtres. Plus tard, repoussés par l'armée, ils durent s'enfoncer au cœur de la forêt, là où les Blancs n'avaient jamais pénétré. Ils y résistèrent jusqu'en 1901, date à laquelle ils abandonnèrent leur plus important sanctuaire : Chan Santa Cruz.

Dès lors, les peuples macehuale se trouvèrent à nouveau encerclés par le monde du dominateur blanc. Opprimés et exploités, ils ne se considèrent pas pour autant comme vaincus, car ils vivent toujours en continuité avec l'antique monde maya de leurs ancêtres et gardent leurs croyances. C'est pourquoi ils revendiquent une identité distinctive par rapport aux autres Maya, car ils sont, eux, les dépositaires de l'histoire, de la mémoire collective qui, gardant le souvenir des événements du passé et expliquant le présent, se trouve ainsi porteuse de la force qui maintient vivants les objectifs d'une libération.

Les Macehuale se considèrent comme les descendants directs et les héritiers des Itza, un des lignages qui régnaient au Yucatan au moment de l'invasion espagnole. Mais les Itza ne se sont pas éteints ; aujourd'hui, sous le nom de Saya Huincob, ils demeurent cachés sous les ruines des cités maya, dans chacune des statues de pierre, sous chacun des villages contemporains qu'ils protègent car ils en sont les véritables maîtres. Le monde d'autrefois n'est pas mort, il se manifeste à ceux qui croient en lui...

Les Itza et la conquête

Tout était mesuré sur la surface de la terre. Tout était mesuré aussi sous la surface de la terre. Les mesures d'ici-bas furent faites par les Chinan Kaabe, qui sont les hommes de l'Itza. C'est le peuple de Juan Tutul Xiu qui vit de nos jours sous la surface de la terre.

Ce sont des hommes enchantés.

Les hommes de l'Itza ont leurs temples construits ici, sur la terre. Le temple de Valladolid est l'un d'eux. Il n'est pas dû au labeur humain, c'est l'œuvre des Saya Huincob, les hommes enchantés. Ce temple s'est élevé à minuit et il s'est achevé en une seule nuit.

Ceux qui firent que les hommes de l'Itza soient enchantés furent les Espagnols. Car, avant d'être enchantés, c'étaient de simples hommes qui travaillaient leurs champs de maïs *(milpa).* Autrefois, ils avaient leurs champs de maïs en bordure de la mer. Face à la mer, il y avait les bateaux des Espagnols, les Espagnols pêchaient. Quand ils abordaient au rivage et descendaient de leurs bateaux, ils s'approchaient des champs pour demander qui en étaient les maîtres. Alors les Itza enchantaient leurs champs en les couvrant de toutes sortes d'épines. Personne ne pouvait y pénétrer. Même les chemins qui menaient aux champs devenaient enchantés.

Ainsi tombe le soir, ainsi tombe le soleil.

Mais les pêcheurs qui étaient toujours là n'étaient pas d'accord, car ils voyaient bien que les champs, dont ils ne pouvaient s'approcher, avaient leurs maîtres. Mais, un beau jour, le plus grand chef des Itza décida de ne pas enchanter les champs ; il le fit par curiosité, juste pour savoir qui étaient les Espagnols.

Et ainsi les Espagnols arrivèrent et commencèrent à parler. Les Itza étaient aux champs, à semer de la pastèque, des pastèques très grosses. Les chemins de leurs villages étaient en pierre.

Alors survinrent trois Espagnols pour parler avec le maître du maïs qui était Tutul Xiu. Lorsqu'ils arrivèrent au village itza, les Espagnols rencontrèrent trois princesses, filles de Juan Tutul Xiu. Elles avaient la peau blanche, elles étaient extrêmement belles ; les Espagnols les enlevèrent toutes les trois.

Quand vint le maître du maïs, le roi Tutul Xiu, on lui dit que ses filles avaient été enlevées par les trois étrangers *(dzules)*. Juan Tutul Xiu dit alors : « Ça ne se passera pas bien, ça va mal finir... »

Alors Juan Tutul Xiu s'en fut vers l'orient, à la recherche de ses filles. Ainsi les Itza s'installèrent à Uxmal, Mani, Coba et Chichen Itza, c'est là qu'ils s'installèrent et c'est là qu'ils demeurèrent pour toujours.

Aujourd'hui, à Chichen Itza, on ne trouve que des tas de pierres, on ne voit que des pierres taillées, il n'y a que des bonshommes de pierre.

C'est la race de pierre.

Mais ils ne sont pas morts, ils sont seulement enchantés...

Si tu les frappes avec un marteau, tu verras qu'ils ne sont pas morts. Tu peux les briser en les frappant avec un marteau, mais ils t'obligeraient à les reconstruire. Et si tu les brises, tu es perdu, tu as commis une grande faute.

Le monde souterrain des Itza

Les Saya Huincob sont les hommes de l'Itza, ils sont comme ceux qui étaient à Chichen Itza, Coba et Mani Pueblo. A Chan Kom, la route qu'ils étaient en train de faire s'effondra. La route s'ouvrit en croix et il resta une voie d'eau pour les quatre points cardinaux. Après trois jours, ils virent qu'il y avait un chemin en dessous. Dans le cénote, ils virent quatre chemins. Sur l'un des côtés du chemin d'en dessous, il y avait une table sur laquelle se trouvaient quatre bols de nourriture pour les poules. Il en sortait de la fumée tant c'était chaud. Il y avait le lek plein de galettes de maïs, il y avait la noix de coco coupée, pleine de piment. Il y avait aussi une carabine et un sombrero, le sombrero avait environ deux mètres de large, c'était celui de Saya Huinke. On entendait le bruit de son cheval. On entendait le gloussement du dindon, le coq chantait, le cabri bêlait. Mais on ne voyait rien.

Ça continue, ça continue et l'eau saute. Bientôt l'eau est basse.

Ils descendirent avec les cordes de hamac attachées entre elles. Ils marchaient courbés dans le tunnel, ils voyaient des empreintes d'animaux sur le sol, ils sentaient que des choses faisaient bouger leurs pieds, ils voyaient leurs empreintes dans la boue. Ça continue. Ils pouvaient être mangés par les animaux des Saya Huincob. Eux, ils s'en rendirent compte et décidèrent de faire demi-tour.

Ils essayèrent de sortir avec les cordes attachées entre elles : les cordes ne servent à rien, pourtant c'est le seul moyen d'entrer ou de sortir. C'était le seul, c'était le seul. Mais ils se fatiguaient, ils voyaient qu'ils ne pouvaient y parvenir. Pourtant, ils attachaient de plus en plus de montants de hamacs, mais ils ne pouvaient sortir. La nourriture sur la table était exquise, il y avait du piment dans la noix de coco, des galettes de maïs dans la grande calebasse, plein de galettes de maïs. Il ne manquait que leurs maîtres.

Ceux qui étaient descendus se disaient : « Et si nous mangions de la nourriture qui est ici ? Mais on ne peut pas ; si tu en manges, ton estomac s'ouvre. »

Les deux récits ont été recueillis en 1974 par Alicia Barabas et Miguel Bartolomé, traduits du maya en espagnol par Jose Tec Poot et de l'espagnol par Ariane Bouissou, Michel Constans et Claude Mercier

Les Chinanteca

La Chinantla était une unité politique préhispanique, tributaire des Aztèques. La première rupture de cette unité fut provoquée par la conquête espagnole et s'accentua pendant la période coloniale puis sous la république. Les Chinanteca vivent aujourd'hui dans des communautés politiquement séparées, mais sont encore unis par des liens culturels et sociaux. Ils partagent croyances et coutumes et sont enracinés dans une même terre.

Le mythe présenté ici a été recueilli en 1972 chez des Chinanteca qui relèvent de la juridiction d'Ojitlan, au nord-ouest de l'Etat de Oaxaca. Ils sont un des groupes les plus importants — environ vingt mille personnes. Ils vivent aujourd'hui un des moments les plus dramatiques de leur histoire : leur terre fertile est menacée par la construction d'un barrage et doit disparaître sous un lac artificiel.

« Le Cycle des jumeaux » permet de mieux comprendre les liens profonds qui unissent les Chinanteca à leur paysage familier, sources et montagnes. La perte de leur habitat et de leur terre est aussi la perte du mythe, de la protection des dieux et de leur culture ; par conséquent leur mort.

Le cycle des jumeaux dans la Chinantla

Chaque fois que des gens passaient près d'un arbre de Pochota (fromager), ils entendaient un bruit qui sortait de l'intérieur du tronc. Un jour, ils restèrent à regarder pour voir d'où venait le bruit, car il semblait que quelqu'un parlait ou donnait des coups à l'intérieur de l'arbre. Alors ils allèrent chercher Comète pour fendre l'arbre, mais Comète ne réussit pas à casser le bois. Alors ils allèrent chercher Foudre, mais Foudre non plus ne put casser le bois. Ils appelèrent alors l'Oiseau-Charpentier (Mi'ne'mo') et le prièrent de piquer le bois, car tous avaient échoué dans leur tentative, mais qu'ils avaient confiance en lui, car il triomphait toujours dans ses entreprises. Le Charpentier accepta, vola et se posa sur la partie de l'arbre d'où sortait le bruit. L'oiseau commença à piquer, et bien vite le bruit de ses coups se fit plus profond. Peu de temps après, le bois se fendit et deux œufs apparurent à l'intérieur du tronc. Les gens lui demandèrent ce qu'il avait trouvé et le Charpentier leur raconta sa découverte, il leur dit qu'il avait trouvé deux œufs à l'intérieur du tronc. Alors une Vieille leur demanda de les lui donner, qu'elle allait les garder pour voir quelle sorte d'animal sortirait de là. Le Charpentier lui donna les œufs et la Vieille les enveloppa dans son fichu et les emmena chez elle en les portant sur son dos. En arrivant chez elle, elle mit les œufs dans un panier, dans une corbeille qui sert pour conserver les galettes. Elle les y laissa et, tous les jours, elle les regardait pour voir s'ils s'étaient déjà fendillés, mais les œufs restaient intacts bien que se soit passé beaucoup de temps. Tous les jours, la Vieille quittait la maison pour chercher la nourriture de son mari Cerf (A'kua'nay). Un beau jour, en rentrant chez elle, elle trouva tout sens dessus dessous, ses écheveaux de coton étaient emmêlés. Cela allait se reproduire ainsi tous les jours ; chaque fois qu'elle rentrait chez elle, elle trouvait tout sens dessus dessous, mais elle ne pouvait jamais trouver le coupable. Elle suspecta donc les œufs, mais elle collait son oreille contre eux et n'entendait rien. Il en fut ainsi jusqu'au jour où elle se rendit compte que le Colibri (Tan'chi) chantait sur le chemin, juste avant qu'elle n'entre chez elle. Alors la Vieille revint le lendemain par un chemin différent de celui qu'elle avait l'habitude d'emprunter. Quand elle arriva chez elle, elle entra d'un seul coup et vit un petit garçon et une petite fille. Lorsqu'ils entendirent la Vieille, les enfants coururent se mettre dans les coquilles d'œufs, mais la petite fille arriva trop tard et ne put se cacher, et c'est ainsi que la Vieille les découvrit. La Vieille leur pardonna et leur dit qu'elle allait les adopter. Les enfants étaient Soleil (Y'e) et Lune (Cy). Soleil et Lune étaient furieux car le Colibri ne les avait pas prévenus de l'arrivée de la Vieille, et ils s'en furent le chercher pour le punir. A cette époque, le Colibri était grand comme une poule, mais il se retrouva tout petit car Soleil et Lune le rapetissèrent en châtiment pour ne pas les avoir prévenus. Soleil et Lune restèrent alors comme enfants de la Vieille, elle sortait tous les jours pour chercher la nourriture de son mari Cerf. Un jour, les jumeaux lui dirent que désormais elle ne sortirait plus, qu'ils allaient eux chercher la nourriture, et ainsi ils sortirent tous les jours avec leurs arcs et leurs flèches pour chasser et faire la cueillette. Mais la Vieille leur avait dit de ne pas se rendre dans une certaine partie du bois, et cependant Soleil et Lune lui désobéirent. Ils allèrent à cet endroit, et là un oiseau leur parla, l'oiseau leur dit qu'ils ne devaient pas aller par là et tuer des oiseaux pour nourrir une femme qui n'était pas leur vraie mère. Après avoir entendu ces paroles, Soleil souffla sur les oiseaux qu'il avait tués et ils revinrent à la vie. Ils retournèrent chez la Vieille et décidèrent de tuer son mari Cerf. Ils se mirent d'accord pour le tuer pendant que la Vieille ne serait pas là. Ils y allèrent, le tuèrent et ils mangèrent la chair de leur père. Ensuite, ils essayèrent de faire en sorte que la Vieille ne se rende pas compte de ce qu'ils avaient fait. Ils prirent un grand pot d'argile et le remplirent de guêpes. Ils mirent les guêpes dans le pot pour imiter le bruit d'une personne qui ronfle. Lorsque la Vieille rentra et demanda son mari, Soleil lui dit qu'il était endormi et que le bruit des guêpes était son ronflement. Mais Lune ne se souvint pas de la ruse et dit que Cerf était parti à la pêche, ainsi ils se contredirent et ainsi la Vieille découvrit la mort de son mari Cerf. Alors la Vieille se mit en colère et commença à poursuivre les jumeaux. Ils coururent longtemps et la Vieille allait les rattraper. Alors qu'elle était sur le point de les atteindre, Soleil demanda à Lune son épingle à cheveux, elle la lui donna et Soleil la planta dans le chemin, et de là même naquit une colline. Les jumeaux continuèrent à courir et la Vieille mit longtemps à passer la colline. Chaque fois que la Vieille allait les rejoindre, Soleil faisait une colline pour la retarder. C'est ainsi que le sol se trouva couvert de montagnes, et c'est pour cela qu'aujourd'hui il y a des montagnes. Ils arrivèrent alors devant un fleuve, un fleuve en pleine crue ; en y arrivant, les jumeaux commencèrent à nager pour passer de l'autre côté. La Vieille aussi se mit à l'eau ; mais, alors qu'elle était à mi-chemin, les jumeaux lui lancèrent une boule d'acuyo et la Vieille mourut d'un coup et se transforma en agouti. De son sang naquirent beaucoup d'animaux, des milliers d'animaux naquirent de son sang et elle-même devint agouti, c'est pour cela que maintenant l'agouti se promène près des rivières. Les jumeaux continuèrent leur chemin vers l'orient. Chemin faisant, ils arrivèrent à un endroit où il y avait deux grands rochers qui écrasaient ceux qui passaient entre eux. Alors Soleil et Lune firent des sarbacanes, chacun d'eux eut sa sarbacane *(ma'ti)* et avec elles ils tirèrent sur les rochers. Quand les projectiles frappèrent les pierres, celles-ci s'ouvrirent et de leur profondeur jaillirent les papillons, c'est pour cela que les papillons ont des cercles sur leurs ailes, ce sont les traces des coups de sarbacane de Soleil et Lune. Ils poursuivirent leur chemin jusqu'à ce qu'ils arrivent près d'une énorme montagne ; là, un homme leur dit de s'en aller car dans la montagne vivait un Aigle à sept têtes qui enlevait les gens et les emportait au sommet. Alors Lune proposa de faire une cage en bois et de se mettre dedans pour que l'Aigle ne puisse pas les prendre séparément, pour qu'ils puissent se défendre ensemble. Ainsi firent-ils, ils coupèrent des morceaux de bois dont ils firent une petite cage et ils se mirent dedans. A peine y étaient-ils entrés que l'Aigle arriva, il prit la cage et l'emporta en volant au sommet de la montagne. Au sommet de la montagne, il y avait de nombreuses personnes dont la majorité était blessée ou malade. Soleil demanda ce que l'Aigle faisait des gens qu'il enlevait, et ils lui répondirent qu'il les mangeait. Comme chacun était mangé à son tour et qu'il y avait là beaucoup de monde, il mettrait un certain temps à en arriver aux jumeaux. Alors Lune demanda à quelle heure dormait l'Aigle, ils lui répondirent à midi, mais que six têtes dormaient et que l'autre restait éveillée. Lorsque l'Aigle fut endormi, Soleil demanda à Lune si elle avait quelque chose pour attacher la tête de l'Aigle. Lune lui répondit qu'elle n'avait rien. Soleil se fâcha et lui dit qu'elle ne pensait jamais à rien, mais que lui, oui, il avait de quoi attacher la tête de l'Aigle. Après avoir dit cela, il retira son ceinturon de cuir de mouton, le fendit en deux et fit un nœud coulant au milieu. Ils lancèrent ce lasso autour de la tête de l'Aigle et commencèrent à tirer chacun de son côté, aidés par les personnes qui n'étaient pas trop malades. Ils déployèrent tant de force et l'animal s'agita tant que la terre se mit à trembler, la terre s'agitait comme lors d'un séisme. L'Aigle était déjà mort lorsque les jumeaux s'en approchèrent, ils le regardèrent et virent qu'il avait fait tant d'efforts que les yeux lui étaient sortis de la tête. Les yeux brillaient intensément, mais le droit brillait avec plus d'éclat que le gauche. Soleil voulut s'emparer de l'œil droit, mais Lune fut plus rapide et elle l'attrapa en premier ; ainsi chacun d'eux eut un œil de l'Aigle, mais celui de Lune était plus brillant. Après ils voulurent descendre de la montagne où ils étaient, mais elle était si escarpée qu'on ne pouvait en descendre à pied. Ils réfléchirent à la manière de descendre et alors ils appelèrent le Vautour pour qu'il les descende. Le Vautour les prit sur son dos et essaya de les porter en bas, mais il ne pouvait supporter le poids des jumeaux, il tournait dans les airs sans pouvoir descendre vers la vallée. Les jumeaux se mirent en colère et lui dirent qu'il n'était bon à rien, et que pour cela dorénavant il ne mangerait plus que de la chair pourrie. Alors les jumeaux appelèrent le Toucan, ils lui donnèrent à manger des graines d'un fruit et lui dirent de déféquer au pied de la montagne. Ainsi fit le Toucan, et de ses fientes jaillirent de longues branches qui gravirent la pente mais n'eurent pas assez de force pour atteindre le sommet de la montagne. Alors ils appelèrent la Chauve-souris et lui donnèrent à manger des fruits du figuier, la Chauve-souris mangea les figues et s'en fut déféquer au pied de la montagne. De ses fientes naquit un grand figuier qui grandit tant que ses branches parvinrent au sommet de la montagne. C'est au moyen de ces branches que descendirent les jumeaux, et tous les prisonniers de l'Aigle, malades et blessés, descendirent derrière eux. Puis les jumeaux poursuivirent leur route vers l'orient. Ils marchèrent tant qu'ils commencèrent à avoir très soif. Lune se plaignait et souffrait beaucoup de la soif. Voyant cela, Soleil dit que, s'ils échangeaient les yeux de l'Aigle, il lui trouverait de l'eau pour qu'elle puisse apaiser sa soif. Lune accepta le marché, et c'est ainsi que l'œil le plus brillant échut à Soleil et c'est pour cela que Soleil brille plus que Lune. En ce temps-là, il n'y avait pas de sources. On entendait la rumeur de l'eau qui courait sous la terre, mais on ne voyait l'eau nulle part. Alors Soleil arracha un peu d'herbe et de là commença à sourdre une jolie source ; c'est pour cela qu'il y a des sources aujourd'hui. Soleil fut celui qui créa les sources. Lorsque l'eau apparut, Soleil dit à Lune de ne pas la boire, qu'il devait d'abord chercher un prêtre[1] pour bénir la source. Soleil alla chercher le prêtre, mais Lune ne put supporter la soif et but l'eau non bénite. Lorsque Soleil revint avec le prêtre, il se rendit compte que Lune avait bu car l'eau était autour de son visage, comme maintenant, lorsque Lune est dans l'eau, on voit un halo autour d'elle. Lune avait le halo et une fossette au-dessus de la lèvre supérieure. Depuis lors, cette fossette existe sur la lèvre supérieure des gens. Soleil devint furieux quand il vit que sa sœur lui avait désobéi, il devint si furieux qu'il attrapa le prêtre et le lança à la tête de Lune. Le prêtre heurta avec tant de force contre Lune qu'il la laissa marquée pour toujours ; c'est pour cela qu'aujourd'hui Lune a des taches sur le visage. Après cela, les jumeaux s'en allèrent et arrivèrent au ciel. Là les attendait Juna'ri qui était Dieu. Là, Juna'ri leur donna à chacun un nom, le nom de Soleil fut Juan et celui de Lune fut Lupe. Alors Juna'ri ordonna que Juan serait le Soleil et Lupe serait la Lune. Lune protesta et demanda à être le Soleil, elle voulait être le Soleil pour éclairer plus. Mais Soleil avait l'œil le plus brillant, l'œil de Lune n'avait pas assez d'éclat pour resplendir. C'est pour cela que la lumière de la lune éclaire moins que celle du soleil, et

1. Dans une autre version, un prêtre lapin.

c'est ainsi qu'il revint à Soleil la charge d'illuminer le monde entier.

Recueilli et présenté par Alicia Barabas et Miguel Bartolomé
Traduit de l'espagnol par Ariane Bouissou, Michel Constans et Claude Mercier

Les Chatino

Environ trente mille Chatino vivent sur les contreforts de la Sierra Madre du Sud, dans l'Etat de Oaxaca (Mexique). Peu étudiés des anthropologues, ils sont bien connus des métis, des commerçants, des usuriers et des planteurs de café. Depuis plus de quatre cents ans, les Chatino luttent pour maintenir leur identité et leur culture.

Le récit que nous présentons fut enregistré par nous-mêmes en 1977 et traduit en espagnol par Higinio Mendoza, membre du Conseil suprême chatino. On peut remarquer combien fermement s'y exprime le désir de continuité d'un peuple que la tragédie coloniale a tenté de priver de lui-même. *Mais les Chatino refusent de se penser exclusivement en fonction du contexte actuel. Leur passé est encore imprégné par le temps mythique et sa valeur se trouve ainsi renforcée, normalisée par le code culturel.*

Le passé, en termes chatino, n'est pas une succession d'étapes mais le fondement de leur histoire : alors leur furent données les normes de la vie. Accomplir une pratique rituelle signifie donc se maintenir à l'intérieur de la tradition historique et demeurer hors d'atteinte de la société dominante. Etre fidèle aux coutumes implique que l'on mette en action le pouvoir libérateur de la mémoire. Ainsi l'Indien retrouve son propre monde et l'indianité n'est plus vécue comme une marque infamante.

Souvenir du Roi chatino

Le Roi chatino s'appelait Chatin. Le Roi légua les coutumes, il montra l'exemple à toute la population indienne chatino. Le Roi donna son nom à Panixtlahuaca, il tira ce nom de la forme du biscuit rond, et c'est pour cela qu'il l'appela Scuii (Village rond) et, nous autres, nous continuons à l'appeler ainsi. Le Roi vécut à Panixtlahuaca et là il laissa son peuple, il légua toutes les coutumes, il légua la tradition, le Roi de Panixtlahuaca légua les croyances, les coutumes aux Indiens Chatino. C'est lui qui dit que la Pierre du Soleil est là où se trouve son temple. Il dit que là se trouve la Pierre Mère du Soleil et il dit : lorsque naîtra un bébé, un enfant, un de vos fils, vous adorerez cette pierre, vous irez prendre une toute petite pierre de la rivière et, cette pierre, vous l'adorerez comme votre Dieu, comme votre Saint. Sept jours après la naissance d'un petit garçon ou d'une petite fille, vous donnerez à cette petite pierre la meilleure viande, le meilleur du blanc de poulet. A l'instant où naîtra un enfant, vous devrez mettre une couche de sable et de chaux autour de la maison, pour que le visage du nahual [1] du petit ou de la petite apparaisse. Le lendemain, vous verrez le visage qui est apparu : que ce soit un serpent, un héron, un astre du ciel, un tigre ou un lion, ce sera le tonal [2] de l'enfant et ce sera là votre croyance. Pour cela, nous allons allumer des chandelles aux abîmes, aux rivières, aux monts et au marécage. Là, nous demanderons tout ce qui est richesse : nous demanderons l'abondance de maïs, de haricot, d'eau. Ainsi est notre coutume à nous les Indiens de langue chatino. Nous la parlons sur la Colline Sacrée, dans l'Abîme Sacré, dans le Marécage Sacré, naissance de l'eau. C'est cela que nous adorons, nous n'adorons pas l'Eglise, ce que nous

1. Représentation totémique.
2. Alter ego animal.

adorons c'est la Colline et la Pierre du Soleil, et ainsi nous avons nos coutumes, nos croyances, nos traditions et nos contes chatino. Car à Panixtlahuanca nous gardons l'héritage du Roi, et encore aujourd'hui la preuve existe, le témoignage. Le Roi laissa son image, il fit sa maison à un endroit qui s'appelle La Ti (Ruisseau léger). Là, il laissa l'image de son visage sur une petite pierre et s'en alla parcourir tous les lieux où se trouvaient des Indiens Chatino. Il alla partout et à toutes les communautés, en leur sein il laissa les coutumes, ils donnent tous à manger à la Pierre Sacrée et ils voient les tonales. Nos ancêtres faisaient leurs vêtements, ils les faisaient eux-mêmes car les fabriques n'existaient pas, il n'y avait pas de vêtements tout faits. Eux, ils faisaient le fil et avec du coton fabriquaient leurs habits. Aujourd'hui, les artisanats, les travaux, les vêtements, le dialecte, notre dialecte, notre danse existent encore. De nombreux métis sont venus et ils nous ont toujours trop pris, ils nous ont bien sûr asservis, et cependant demeurent la tradition, les artisanats des Indiens Chatino. Aujourd'hui encore, nous donnons à manger à la Pierre Sacrée, nous adorons encore la Pierre Sacrée du Soleil. Car le Roi laissa ce témoignage, le Roi des Chatino grava une pierre qui s'appelle Pierre-Epervier et qui se situe là où se rejoignent les fleuves Mano et Juquila. Là, il laissa son image de pierre en haut d'une colline, à l'endroit où s'unissent les fleuves. Il laissa aussi une autre de ses images, une autre pierre gravée avec son visage dans un lieu qui s'appelle Rancho Viejo (Vieille Cabane). Après avoir parcouru tous les lieux où se trouvaient les Chatino, après avoir parcouru tous les villages et vu que tous étaient dans l'aisance, que tout était en ordre, il alla se coucher là, à la Pierre-Epervier, et à peine était-il couché que sa danse se dansait déjà à Monte Alban. Car, lui, il communiqua avec le Roi mixtèque et le Roi zapotèque et il alla vivre avec eux à Monte Alban. Mais de là les Espagnols l'emmenèrent à Mexico, là ils le destituèrent ; alors on n'entendit plus parler de lui et il ne retourna plus vivre à Panixtlahuaca, car il ne revint jamais.

Recueilli et présenté par Alicia Barabas et Miguel Bartolomé
Traduit de l'espagnol par Ariane Bouissou, Michel Constans et Claude Mercier

Région andine
Quechua, Mapuche

Elle a beaucoup souffert ma grand-mère...

Paroles de la résistance indienne en Colombie

Les textes qu'on va lire datent de 1973. Cette année-là avait eu lieu, le 15 juillet, la Première Rencontre populaire des indigènes colombiens, qui avait vu se réunir, à l'initiative du Conseil régional indigène du Cauca (C. R. I. C.), plus de quatre mille délégués indiens de différentes ethnies. C'était la première fois qu'une rencontre d'une telle ampleur pouvait être organisée sans recourir à aucun patronage officiel ni religieux.

La répression déchaînée contre les responsables de cette première rencontre populaire par le gouverneur du Cauca — au service des grands propriétaires terriens de la région — motiva l'organisation à Medellin d'une Semaine de solidarité avec la lutte des paysans indigènes, au cours de laquelle le secrétariat indigène de l'A. N. U. C. (Association nationale des Usagers ruraux) favorisa les contacts entre les délégués indigènes et leurs compatriotes des usines, des quartiers populaires, des écoles et de l'université.

Ces voix indiennes restent ici anonymes pour d'évidentes raisons de sécurité.

En grande partie, la beauté de cette parole indienne tient au fait qu'en dépit des longues souffrances endurées elle est absolument sans haine. Comment d'ailleurs pourrait-il en aller autrement de la part d'un peuple qui situe son humanité dans le refus de se considérer lui-même comme une race, et dont les valeurs suprêmes (bien en deçà des nationalismes ethniques, mais bien au-delà des aspirations égoïstes et des conforts individuels) se situent dans la solidarité qu'implique la communauté, elle-même spirituellement enracinée dans la terre sacrée ?

Paroles d'un délégué arhuaco

Les riches exploiteurs ont toujours prétendu que les peuples indiens étaient anthropophages. Mais ils ne voient pas que ce sont eux qui, jour après jour, survivent en suçant le sang des travailleurs. Et que ce sont eux qui s'alimentent de nous.

Dès que nous, les indigènes, nous nous organisons pour notre propre compte, selon nos traditions, alors ils disent que nous retournons en arrière, que nous voulons revenir au temps de nos ancêtres qui, paraît-il, étaient anthropophages.

Mais là n'est pas la vraie raison : nous nous organisons selon notre coutume simplement parce que cela nous convient mieux ainsi.

Mais ce qui est certain, c'est qu'eux, les riches, les propriétaires fonciers, ils continuent à être les anthropophages de tous les ouvriers et tous les travailleurs.

Medellin, octobre 1973

Paroles d'un délégué du C. R. I. C.

Nous, les paysans indigènes, ce n'est pas seulement au fusil qu'on nous massacre, ce n'est pas seulement à la baïonnette qu'on nous éventre : on peut aussi nous faire mourir de faim ou nous tuer par des idées.

On nous tue par des idées lorsque l'on nous détruit en tant qu'Indiens, lorsque l'on fait croire au monde entier que l'Indien est un animal fourbe et nuisible pour la communauté.

Et on nous tue encore par des idées lorsque c'est à nous-mêmes qu'on fait croire qu'il est honteux de vivre notre propre culture, de parler notre propre langue, de revêtir nos propres costumes, ou de manger de certaines choses que la nature nous donne ou que nous-mêmes produisons.

C'est là une façon cachée de lentement nous détruire en tant qu'Indiens, c'est la façon de nous faire disparaître à petit feu. Ainsi l'éducation qu'on nous a donnée est-elle tout entière destructive, car ce qu'on nous a enseigné depuis des centaines d'années, c'est uniquement d'apprendre à avoir honte d'être indien.

Ce que nos ennemis veulent, c'est que nous oubliions l'essentiel : que nous vivons sur la Terre et que nous vivons de la terre. C'est pour cela qu'ils nous disent que de l'Autre Côté nous aurons la Gloire ; c'est pour cela que d'autres encore nous répètent qu'il nous faut vivre comme les petits oiseaux qui ne travaillent pas et vivent heureux dans leur beau plumage, sans nulle nécessité de se mettre en action.

Oui, l'éducation qu'on nous donne est vraiment destructive.

Medellin, octobre 1973

Paroles d'un délégué arhuaco

Pour nous, Indiens, la terre n'est pas qu'un morceau de plaine ou de colline qui nous donne à manger. Comme nous vivons sur elle, travaillons en elle, jouissons par elle et souffrons pour elle, elle est pour nous la racine de la vie.

Et, sur ce point encore, nous souffrons d'un irrespect.

En effet, l'éducation qu'on nous donne n'a jamais servi qu'à nous désorganiser, dans le but d'en finir avec nos communautés. Cela afin que certains puissent devenir riches, tandis que tous les autres resteraient dans la misère.

Maintenant, en effet, les choses se passent de la sorte : certains indigènes, voulant s'élever par des voies extérieures, placent leur foi dans l'écriture et le papier timbré. En revanche, nous, le reste de la communauté, nous ne faisons recours qu'à la confiance, qu'au mutuel respect, dans la claire conscience que, si telle terre revient à telle famille, ce n'est pas parce que cette famille possède un document en faisant foi, mais simplement parce que cette famille vit de cette terre.

Mais, dès qu'arrive un de ceux-là qui ont pris la mentalité métisse, il envahit la terre d'un de ses compagnons et il s'y établit comme un colon en lui disant : « Tu ne possèdes rien puisque tu n'as aucun écrit prouvant que tu sois propriétaire. »

Tout cela parce que cet indigène a déjà la vision déformée par l'extérieur, parce qu'on lui a dit et redit que ce qui a de la valeur c'est l'écriture sur papier timbré, et non le droit de la communauté et du travail.

Auparavant, il n'y avait rien de semblable. Seul existait le respect mutuel. Nul ne pouvait s'approprier le bien d'autrui : ni sa terre ni quoi que ce soit, qu'il s'agisse de meubles ou de tout autre objet. Personne n'aurait alors songé à marquer ses propriétés au fer rouge : rien que par le fait d'être membre de la communauté — c'est-à-dire en vivant tous unis et dans l'égalité —, le patrimoine de l'ami et celui du voisin, chacun le reconnaissait mieux que le propriétaire lui-même.

Tous ces problèmes que nous a apportés la civilisation — c'est-à-dire la culture des exploiteurs —, tous ces problèmes font du tort à la communauté. En effet, de ce que certains s'enrichissent aux dépens des autres, la communauté entière, au lieu d'aller de l'avant, recule. C'est cela l'exploitation.

C'est pourquoi nous devons découvrir et démasquer tous les pièges que l'ennemi vient tendre dans nos propres têtes.

Medellin, octobre 1973

Recueillies, présentées et traduites par André-Marcel d'Ans

« Kay Pacha, tradicion oral andina » : contes et récits des Indiens Quechua de Pinchimuro

Pinchimuro est une petite communauté de la province de Cuzco ; elle est composée d'environ soixante-cinq familles. Isolée géographiquement à 3 900 mètres d'altitude, elle a refusé de devenir une coopérative agricole lors de la promulgation de la loi de réforme agraire de 1969 et a gardé son organisation politique et sociale traditionnelle.

Les textes présentés ici ont été réunis par Rosalind Gow, qui a partagé pendant deux ans la vie des Indiens de Pinchimuro, et sont extraits de Kay Pacha *(édition bilingue quechua-espagnole, établie par Rosalind Gow et Bernabe Condori, Centre des études rurales andines, Bartolomé de Las Casas, 1976).* Kay Pacha *est l'exemple d'une parole quechua sur la réalité quotidienne et témoigne d'une réélaboration de l'histoire et du monde mythique par des Indiens acculturés.*

La communauté de Pinchimuro divise l'histoire en cinq périodes :

— *le temps primordial et le temps de la création ;*

— *le temps des Machulas ;*

— *le temps des Incas et de la conquête ;*

— *l'époque moderne, de l'hacienda à aujourd'hui ;*

— *le futur.*

Les deux premières époques correspondent au temps de Dieu le Père (Dios Yaya), les deux suivantes à celle de Dieu le Fils (Dios Churi), la dernière à celle du Saint-Esprit.

Nos premiers ancêtres

Notre temps allait commencer et, pendant trois jours et trois nuits, il n'y eut pas de lumière. L'Inca Machula dit : « Quand va venir le jour ? Quand ? Et que ferons-nous alors ? Le jour va venir, le jour va venir, c'est certain. Et il va tout nous prendre. » Et il était bien triste.

Comme il s'affligeait ainsi, le coq chanta pour la première fois. « Voici que s'achève le temps de Dieu le Père. Le temps de Dieu le Fils va commencer. »

Alors qu'ils emportaient l'argent et tous leurs trésors vers les montagnes et qu'ils détruisaient tout, le coq chanta à nouveau. « C'en est fait. Maintenant le jour va se lever, dirent-ils. Quand le soleil nous atteindra, nous le frapperons, dirent-ils. Nous allons tuer le soleil. »

A ce moment-là, le soleil apparut en disant « rij, rij ». Avec quelle puissance a-t-il dû apparaître pour la première fois ! Quand le soleil parut, le coq chanta encore une fois. C'en est fait. Le temps de Dieu le Père est révolu. Voici que commence le temps de Dieu le Fils. Et alors le soleil dessécha ces ancêtres. Il se saisit de quelques-uns, d'autres se réfugièrent dans la montagne.

La terre des Incas

La terre appartenait aux Incas. En ce temps-là, on l'appelait Surata Tierra. Quand les Espagnols arrivèrent, ils tuèrent les Incas. Ils disparurent comme emportés par le vent. On dit ici que nos ancêtres les Incas vivaient bien dans ce coin de l'Ausangate. Mais les Espagnols tuèrent tous ces hommes et ces femmes vêtus d'or.

Leurs richesses existent toujours. On dit qu'elles sont cachées dans des endroits secrets. A Parcocalla, on a fouillé un lieu sacré. On a découvert tous les vêtements des Incas, il y avait même les vêtements que portaient les danseurs de chuncho.

Comme nous, ils savaient tisser des dessins de fleurs. Ces mêmes dessins de fleurs qu'ils tissaient autrefois, nous les tissons aujourd'hui. Ils nous ont appris à tresser des cordes, à tisser, à filer. Nos ancêtres les Incas buvaient de la bière et de la limonade. Ils ne buvaient pas d'alcool.

Les Incas savaient casser en deux les pierres. Ils faisaient ce qu'ils voulaient. Ils construisaient leurs maisons en vraie pierre dure, on les dirait de terre séchée. Ils savaient travailler les pierres. Il n'y a rien qu'ils ne pouvaient ordonner. La terre a toujours appartenu aux Incas. Là où il y a des pentes, là où il y a des rochers, eux préparaient la terre et la cultivaient. C'est la terre qu'ils nous ont laissée. Et puis ils construisaient des murs le long des fleuves pour que l'eau n'emporte pas la terre. C'est pour cela qu'aujourd'hui nous avons des terres pour la culture. Sans eux, nous n'aurions pas eu de terre. Ils cultivaient des pommes de terre et des chuños [1]. Ce qu'ils mangeaient eux, nous le mangeons nous aujourd'hui.

Puis nos ancêtres les Incas sont partis dans d'autres pays. Là-bas, ils laissèrent leurs machines et ce qu'ils appelaient l'*ichu*

1. Pommes de terre séchées.

molino. Maintenant, les gens de ces autres pays travaillent avec ces machines. Ils font des avions, ils font des voitures, ils font des machines, ils font tout. Si les Incas n'étaient pas partis, c'est à nous qu'ils auraient tout laissé.

Présentés et traduits par Jacqueline Baldran

Humour et messianisme : l'opposition aux pouvoirs dans les textes populaires quechua

Nous présentons ci-dessous deux textes recueillis de la bouche d'informateurs quechua s'exprimant en leur langue, et qui nous paraissent illustrer fort bien l'attitude que ce peuple indien nourrit face aux pouvoirs qui l'oppriment. Le premier de ces deux textes est un conte, « Le Rêve du pongo[1] *», que le célèbre folkloriste et écrivain, le regretté José Maria Arguedas, apprit d'un paysan indien de Quispicanchis (département de Cuzco) vers 1965.*

Ce conte remarquablement structuré, outre le fait qu'il témoigne du talent des conteurs quechua, après s'être longuement complu dans la description des humiliations que le patron de l'hacienda fait subir au malheureux pongo, nous réserve une pirouette finale amenée de manière fort inattendue qui constitue un bel exemple de ce dernier carré de défense que nous offre l'humour lorsque toutes les autres armes nous font défaut. Qu'on ne s'illusionne pas, toutefois, sur le pouvoir subversif d'un tel

1. « Pongo », en espagnol comme en français, est le terme ancien par lequel on désignait l'orang-outan. Au Pérou, il désigne plus particulièrement le serf indien périodiquement astreint à prêter ses services comme domestique dans la maison du patron.

texte : à la suite de Henri Favre[2]*, nous sommes plutôt enclins à trouver dans un tel récit un exemple de « rationalisation de la situation de dépendance ». En effet, pour reprendre ici les termes de cet auteur, « lorsqu'elle n'est pas niée, la possibilité d'un renversement des rapports sociaux inégalitaires est repoussée à la fin des temps ou rejetée au-delà des frontières de l'existence ». Avec cette circonstance particulière, dans le récit recueilli par Arguedas, que la scène du renversement des rapports sociaux, par le biais du récit d'un rêve, est jouée en la présence du dominateur. Mais c'est en cela que réside l'humour et rien de plus, car en somme il ne s'agit que d'un conte, nullement destiné à être récité en présence du dominateur.*

D'une tout autre nature est le second texte présenté ici et qui fut recueilli par un de nos étudiants de l'université San Marcos, M. Blas Puente Baldoceda, lors d'une enquête qu'il menait à Tarma, dans la sierra du département de Lima. Un jour, un de ses informateurs, ouvrier agricole un peu prophète à ses heures, lui demanda de lui prêter son magnétophone, car il désirait, lui dit-il, « y enregistrer quelque chose ». Après quelque réticence, l'enquêteur céda au désir de l'informateur, qui emporta donc l'objet et s'isola avec celui-ci sur une terrasse cultivée. C'est là que, au soleil et dans le vent de la sierra, Ignacio Zarate Mayma enregistra son « Message d'un paysan au monde entier ».

Si ce message est resté inédit jusqu'à ce jour, ce n'est pas entièrement de la faute de Blas Puente Baldoceda qui, à l'automne 1972, l'avait inclus dans un recueil de textes quechua qu'il publiait alors à l'université San Marcos. Ces pages furent même imprimées, avant d'être expurgées de l'ouvrage à l'initiative des autorités de l'université qui craignaient qu'un tel texte ne déplût aux dirigeants américains de la Fondation Ford : cette institution finançait en grande partie le fonctionnement du centre de recherches dont faisait partie l'étudiant Blas Puente aussi bien que l'auteur de ces lignes.

---

2. « A propos du potentiel insurrectionnel de la paysannerie indienne : oppression, aliénation, insurrection », *Actes du XLII*e *congrès internatio-nal des américanistes,* Société des américanistes, musée de l'Homme, Paris, 1978, vol. III, p. 69-82.

Le rêve du pongo

C'est un petit bonhomme mal fichu qui s'acheminait vers la luxueuse résidence du patron de l'hacienda. Etant serf, il lui revenait d'accomplir son tour de rôle en tant que domestique à la maison du propriétaire. Or il était aussi faible d'esprit que court de taille, et les haillons dont il était vêtu complétaient son aspect lamentable.

Le grand seigneur, patron de l'hacienda, ne put se retenir de rire quand ce nain vint le saluer dans le corridor de la résidence.

— Mais qu'est-ce que c'est cela ? C'est un homme ou quoi ? lui demanda-t-il en présence de tous les hommes et de toutes les femmes qui se trouvaient là de service.

Rempli de honte, le pongo ne répondit rien. Terrorisé, les yeux glacés, il restait là, debout, sans mot dire.

— Bon, voyons, ajouta le patron, au moins pourra-t-il servir à laver les marmites ! Peut-être même ses drôles de mains lui permettront-elles de manier un balai. Allez, ouste ! Emporte-moi ce rebut et fais-en quelque chose, ordonna-t-il enfin au contremaître de l'hacienda.

S'étant agenouillé, le pongo baisa les mains de son patron avant de suivre, bossu et résigné, le contremaître qui l'entraînait vers les cuisines.

Le bonhomme en question avait beau être nain, il n'en possédait pas moins une force comparable à celle d'un être normal. Cela permit qu'il s'acquittât convenablement de tout ce qu'on lui ordonnait de faire. Néanmoins, il y avait toujours comme un air de stupeur sur son visage. Certains de ses compagnons riaient de lui, mais d'autres le prenaient en pitié. Ainsi la cuisinière, une métisse, qui avait dit de lui dès qu'elle l'eut aperçu : « Orphelin des orphelins ! Le froid de ses yeux doit être fils du vent de la lune : son cœur n'est que tristesse ! »

Le nain ne parlait à personne : il travaillait en silence, mangeait en silence. Tout ce qu'on lui commandait de faire, il l'accomplissait. « Oui, petit père... oui, petite mère... », était tout ce qu'on lui entendait dire.

Peut-être est-ce à cause de son air stupide, ou du fait de ses vêtements particulièrement misérables, ou encore en raison de son obstination à ne pas parler, toujours est-il que le patron nourrit un mépris tout spécial pour ce pauvre bonhomme. Le soir, à l'heure où tous les serfs se réunissent dans le corridor de la maison-hacienda pour y réciter l'Ave Maria, le patron prit l'habitude de martyriser le pongo en présence de toute la domesticité : il lui arrivait de le secouer comme un vieux sac, ou encore, lui appuyant sur la tête, de le forcer à s'agenouiller devant lui. Ensuite, il lui tapotait le visage en lui disant :

— Tu es un chien. Aboie !

Mais le bonhomme ne savait pas aboyer.

— Mets-toi à quatre pattes, lui commandait-il alors.

Le pongo obéissait et faisait quelques pas à quatre pattes.

— Trottine en travers comme un chien, ordonnait le patron.

Le nain savait imiter l'allure des petits chiens de la puna. Et le patron riait à gorge déployée, le corps tout secoué d'hilarité.

— Reviens ! reviens ! criait-il à son domestique lorsque celui-ci atteignait l'extrémité du grand corridor de l'hacienda.

Alors le pongo revenait, toujours trottinant de côté comme un chien. Fatigué, haletant, il revenait au pied de son maître.

Pendant ce temps, les autres serfs récitaient l'Ave Maria, doucement. Doucement, ils priaient, comme un vent léger au fond du cœur.

— Dresse les oreilles, maintenant, viscache ! Tu es une viscache ! ordonnait le seigneur du lieu au nain épuisé. Accroupis-toi sur les pattes de derrière et joins les mains !

Alors, comme si dans le ventre de sa mère il eût reçu jadis l'empreinte de cet animal, le pongo prenait exactement la position d'une de ces petites bêtes lorsqu'elles se figent sur les rochers comme en position de prière. Mais il ne savait pas dresser les oreilles. Alors certains serfs de l'hacienda éclataient de rire.

D'un coup de botte, le patron renversait ensuite le nain, le faisant rouler sur le pavé de brique du corridor.

— Récitons le Notre Père, commandait-il alors aux autres Indiens alignés devant lui.

Alors le pongo tentait de se relever. Mais il ne pouvait pas prier car il n'était pas à sa place et la place où il était ne correspondait à rien ni à personne.

La nuit tombée, les serfs quittaient le corridor de la maison-hacienda pour gagner les cahutes qui leur servaient de logement.

— Fous le camp, vieille panse ! jetait alors le patron au pongo.

C'est ainsi que tous les jours le patron donnait son nouvel esclave en spectacle aux autres domestiques. Tantôt il l'obligeait à rire, ou à faire semblant de pleurer. Bref, il l'offrait constamment à la risée de ses semblables.

Mais un beau soir, à l'heure de l'Ave Maria, le corridor se trouvant plein, tout le personnel de la maison y étant réuni, au moment où, comme à l'habitude, le patron jetait un regard lourd d'intentions sur le pongo, celui-ci, le nain, prit la parole avec une parfaite clarté. Son visage restait empreint de stupidité, mais un peu moins, semble-t-il, qu'à l'habitude.

— Beau seigneur, avec ta permission, petit père, je voudrais te parler, l'entendit-on prononcer.

Le patron n'en crut pas ses oreilles.

— Hein ? Quoi ? C'est toi qui as parlé ou quelqu'un d'autre ?

— Avec ta permission, petit père, pour te parler. C'est à toi que je voudrais parler, répéta le pongo.

— Parle... si tu en es capable, répondit le propriétaire.

— Mon père, mon seigneur, mon cœur, articula le nain, la nuit dernière j'ai rêvé que nous étions morts tous les deux, c'est-à-dire qu'ensemble nous étions morts...

— Quoi ? Qu'est-ce que tu racontes ? Mort, moi ? Et avec toi ? s'écria le patron. Allons, continue ton histoire !

— Puisque nous étions morts, comme des hommes morts, mon seigneur, nous étions tout nus et nous comparûmes nus devant notre grand père saint François...

— Ah ! Et alors ? Continue, ordonna le patron à la fois en colère et piqué par la curiosité.

— Nous voyant morts et tout nus devant lui, notre grand père saint François nous considéra de ses yeux qui voient tout jusqu'on ne sait quelle distance. Il nous examinait toi et moi, sondant à ce que je crois le cœur de l'un et de l'autre et devinant ce que nous avions été et ce que nous sommes. En homme riche et puissant, tu affrontais son regard, mon père.

— Et toi ?

— Moi, je ne puis savoir comment j'étais, beau seigneur. Je ne puis savoir ce que je vaux.

— Ouais. Continue.

— Alors, ensuite, notre père dit de sa bouche : " De tous les anges, que vienne le plus beau. Et cet ange incomparable, que l'accompagne un autre ange plus petit mais qui soit lui aussi le plus beau, et que ce petit ange apporte une coupe d'or pleine du miel de canne le plus transparent que l'on puisse trouver. "

— Et alors ? demanda le patron.

Les serfs indiens écoutaient le pongo avec une attention mêlée de terreur.

— Mon maître ! A peine notre grand père saint François eut-il donné cet ordre qu'apparut un ange lumineux comme le soleil. Lentement, il vint au-devant de notre grand père. Derrière ce grand ange marchait un autre plus petit, beau lui aussi, répandant une lumière douce comme la splendeur des fleurs. Entre les mains, il tenait un vase d'or.

— Et alors ? répéta le patron.

— Notre grand père s'exprima en ces termes : " Grand ange, dit-il, enduis le corps de ce beau monsieur du miel qui se trouve dans le récipient d'or, et prends soin que tes mains soient légères comme des plumes lorsqu'elles le toucheront. " C'est ainsi que cet ange superbe, prenant le miel dans ses mains, enlumina tout ton corps, seigneur, de la tête aux pieds. Et tu t'élevas au ciel. Dans la splendeur de celui-ci, ton corps brillait, comme s'il eût été fait d'or transparent !

— Evidemment, c'est ainsi qu'il devait en être, approuva le patron. Et toi, qu'est-ce qu'il t'est arrivé ? demanda-t-il au pongo.

— Lorsque tu resplendis au firmament, notre grand père saint François ordonna à nouveau : " De tous les anges du ciel, que vienne le moins beau, le plus ordinaire, et qu'il apporte un vieux bidon d'essence rempli de merde humaine. "

— Et alors ?

— Apparut s'approchant de notre grand père un ange lamentable, aux pattes squameuses, et qui n'avait même plus la force de retenir ses ailes à leur place. Il finit par arriver, crevé, l'aile en berne, croulant sous le poids du vieux bidon qu'il tenait entre les mains. " Allez, mon vieux, ordonna notre grand père à ce pauvre vieil ange, badigeonne-moi le corps de ce nain avec la merde qu'il y a dans le bidon que tu as apporté. Fais-moi cela n'importe comment, mais grouille-toi. " Alors, de ses vieilles mains noueuses, cette ruine d'ange prit de la merde dans son bidon et commença à m'en recouvrir le corps, sans aucun soin, de la même façon qu'on jette de la boue n'importe comment sur un mur qu'on construit de façon ordinaire. Et c'est comme cela que je montai dans la lumière du ciel : tout honteux et tout puant.

— Evidemment, c'est bien ainsi qu'il devait en être, réitéra le patron. Et alors ? Continue. Ou bien est-ce que tout finit là ?

— Non, petit père, mon seigneur. Lorsque, bien que de façon très différente, nous nous trouvâmes à nouveau réunis en présence de notre grand père saint François, celui-ci se remit à nous considérer longuement, toi et moi, puis moi et toi. De ses yeux que remplissait le ciel, il nous scruta je ne sais jusqu'à quelle profondeur, celle où la nuit s'assemble avec le jour et la mémoire avec l'oubli. Enfin, il nous dit : " Tout ce que les anges devaient faire sur vos personnes est désormais accompli. Maintenant, léchez-vous l'un l'autre ! Et lentement : prenez votre temps. " A ce moment, le vieil ange rajeunit tout à coup. Ses ailes retrouvèrent toute leur force ainsi que leur belle couleur noire. Et notre grand père le chargea de veiller à ce que sa volonté s'accomplisse.

Recueilli et traduit du quechua en espagnol par José María Arguedas, présenté et traduit par André-Marcel d'Ans

Message d'un paysan au monde entier

Que se passe-t-il dans ce pays, mes frères ? Qu'est-ce que nous faisons ? Notre cervelle est en train de se dessécher vraiment trop ; c'est pour cela que tout va de travers, et c'est pour cela que nos frères en sont arrivés à s'entre-tuer au Vietnam.

En quoi consiste leur science, de quoi est faite leur pensée, et dans ce pays rouge et dans ce pays de glace qui commandent le monde ? Quel est leur savoir et que veulent-ils ? Ce sont des armements qu'ils distribuent autour d'eux, ces deux grands peuples, les Etats-Unis et la Russie. Ils prennent les autres pour de petits enfants et veulent faire en sorte qu'ils s'entre-tuent là-bas au Vietnam.

Mais maintenant l'heure n'est plus à nous entre-tuer. Désormais, nous oublierons cela. Dorénavant, nous travaillerons pour nos enfants et pour nos peuples. C'est cela qu'a dit l'Inca Juan Santos Atahualpa[1] lorsqu'il apparut à Tarma, et c'est cela encore que vous dit le soussigné, l'Inca Zarate Mayma. Désormais, l'heure n'est plus à nous entre-tuer, mais à nous enseigner mutuellement ce que nous avons appris. Nous nous aiderons de ce que nous savons : nous sommes un seul peuple sur cette terre. Nous vivons sur cette terre, et il n'y a pas d'autre monde que

1. Juan Santos Atahualpa fut le leader, à partir de 1742, d'un important mouvement messianique et de libération panindigéniste qui prit son origine parmi les Indiens de la forêt amazonienne. De victoire en victoire, ce mouvement gagna la Sierra centrale du Pérou (précisément dans la région de Tarma) où, pour des raisons mal définies, il s'étiola. Toutefois, la menace avait été grande et ressentie jusqu'à Lima, siège de la vice-royauté espagnole. Les effets du soulèvement de Juan Santos Atahualpa furent durables dans la forêt qui, à l'intérieur de la région concernée, se trouva libérée pour un siècle des missionnaires et soldats espagnols, et donc rendue à la vie indienne. Dans la Sierra, le rêve de libération survécut dans la conscience populaire, se manifestant de temps à autre dans la prédication de prophètes locaux qui, comme Ignacio Zarate Mayma, reprennent à leur compte le message de Juan Santos Atahualpa.

celui où nous sommes, où nous sommes nés, où nous avons grandi. C'est pour cette raison que notre terre nous appartient.

Personne ne pourra nous déloger d'ici. Il en va de même de toutes les terres dans tous les pays. Mais personne ne peut dire « ma terre » ; ces terres, ce n'est qu'en prêt que nous les recevons. C'est pourquoi l'Inca Juan Santos Atahualpa disait : « Cette terre est très grande ; elle a un commencement, mais elle n'a pas de fin. »

Nous allons disparaître, et c'est de notre faute que nous allons disparaître, du fait de ces bombes atomiques. Ces grands pays nantis de leurs engins explosifs nous disent : « Nous sommes fort puissants. Nous sommes très forts. » Ils ne sont pas forts : ce sont des pays à l'envers. Ils font le mal avec leur savoir. Ils n'ont rien dans leur science, ces pays-là. Leur estomac est plein, mais leur cervelle ne contient rien, le vent y tourbillonne. C'est pour cela que ces deux grands pays n'ont rien à faire dans les autres pays plus petits. Si c'était pour nous apprendre à vivre bien, soit, mais pour nous apprendre à nous entre-tuer, non.

Cette guerre, elle est arrivée au Vietnam par la faute de ces gens très riches. Ainsi, aux Etats-Unis, les riches possèdent quatre ou cinq appareils de radio, quatre ou cinq téléviseurs. Dans les autres pays, rien de tout cela : les gens n'ont rien ; ils ont faim, ils sont malades de soif. Et la guerre, c'est à cause de cela. C'est à cause de cela que nous souffrons. C'est à cause de cela la guerre du Vietnam.

Alors comment allons-nous vivre ? Nous entre-tuerons-nous jusqu'à ce que nous soyons tous égaux comme ils disent ? Et que fait-il donc ce président des Etats-Unis, le père Nixon ? Et que fait-il ce président du pays de Russie ? Qu'ils retirent donc leurs armes du pays du Vietnam ! Ceux de là-bas, s'ils veulent vraiment s'entre-tuer, qu'ils le fassent à coups de poing, à mains nues ! Qu'ils s'entre-tuent donc s'ils le veulent, mais sans ces armes !

A partir d'aujourd'hui, cette sagesse qui est la nôtre, qu'elle se répande donc depuis Tarma sur toute la terre, par le levant et par le couchant, jusqu'aux confins du monde. Personne n'y échappera. C'est ainsi que nous, désormais, nous répandrons bonne vie et bon savoir sur toute la terre. Dorénavant, nous travaillerons pour nos enfants, pour nos pays et pour la terre.

Nous nous enseignerons mutuellement. Nous aurons pitié de nous-mêmes, car nous sommes une seule chair, un seul os. Nous ne sommes pas autre chose : nous n'avons ni queue ni cornes !

Il n'y a pas d'autre terre que ce monde-ci, cette terre où nous sommes. D'autres terres, il n'y en a qu'En Haut, de petites terres, et eux (les gens d'En Haut), ils ne veulent pas nous tuer. A leur instar, nous apprendrons à être bons. Aimons-nous les uns les autres. Celui qui va nu, nous le vêtirons. Celui qui est affamé, nous le nourrirons. Celui qui est pauvre, nous lui donnerons de l'argent. Voilà le mieux-vivre : en nous aimant les uns les autres, tous ceux qui vivent sur cette terre.

Ce n'est pas le moment d'empoigner les armes, mais de les laisser tomber de nos mains. Désormais, nous nous aiderons les uns les autres. C'est ce que voulait l'Inca Juan Santos Atahualpa, et c'est ce que veut ce nouvel Inca qui vous parle, Ignacio Zarate Mayma.

C'est pourquoi j'ai pris la parole : je veux que dès aujourd'hui cessent les massacres. Si ce pays ne prête pas attention à ce que je dis, sa fin viendra. Viendra la fin de ces grands pays, les Etats-Unis et la Russie, et la fin des autres pays.

Ceux qui ont fabriqué ces bombes qui nous tuent, ces gens-là mêmes qui les ont conçues, mourront de leurs propres œuvres et disparaîtront. C'est pour cela que ces pays qui sèment la guerre ont récolté la guerre et non la bonne vie. Eux-mêmes, ils se font haïr. S'ils veulent être bien, qu'ils s'aiment les uns les autres : alors les petits pays pourront exister et ils diront à ces grands pays qu'ils font le bien.

Rien de plus pour aujourd'hui. J'ai adressé ce message à la Maison Blanche où vit le père Nixon en ce jour du 9 mai 1972. Je voudrais bien savoir s'il l'a reçu.

Présenté et traduit par André-Marcel d'Ans

Chachapoya

La région de Chachapoya se trouve sur le versant amazonien de la Cordillière orientale des Andes, au nord du Pérou, à 2 000 ou 3 000 mètres d'altitude. D'accès difficile, elle a connu cependant des invasions constantes, d'abord probablement celles des différentes ethnies qui forment la base de sa population actuelle, puis celle des Incas, et ensuite celle des Espagnols qui croyaient y trouver le chemin de l'Eldorado. Durant l'époque coloniale, Chachapoya est oublié. La région connaît un regain de prospérité avec l'essor du caoutchouc à la fin du siècle passé. Puis, de nouveau, elle s'est retrouvée dans son isolement. Ces hautes terres, sans industries et sans beaucoup d'espoir pour l'avenir, se vident peu à peu de leurs habitants qui émigrent vers les villes de la côte ou la forêt tropicale dans l'espoir de trouver des terres à défricher.

Le culte des ancêtres et l'observance des traditions qu'ils avaient instituées assuraient la prospérité du groupe ethnique. Le concile de 1553 de l'Eglise péruvienne relégua les ancêtres idolâtres des Indiens à l'enfer. Le dépaysement culturel qui résulte de l'association démoniaque avec tout ce qui avait été vénéré auparavant donne naissance à un des aspects les plus fructueux de la littérature populaire andine : les histoires de condenados, *ou des âmes en peine qui habitent les lieux maudits (souvent d'anciens sanctuaires) ou qui errent au tomber du jour sur les punas solitaires.*

La communauté de La Jalca est située dans la province de Chachapoya. Les Espagnols y fondèrent leur première ville. Saint Toribio établit la paix entre les quatre tribus qui s'en disputaient les terres et qui devinrent les quatre ayllus *fondateurs de la communauté chrétienne, les Puy, les Collana, les Shócol et les San Antonio. Ceux-ci sont chargés de maintenir les traditions des fêtes patronales, le carnaval et les autres fêtes de l'Eglise associées généralement à d'anciens rites agricoles. Un côté de la place principale de La Jalca où se déroulent ces fêtes est assigné à chacun de ces* parcialidades. *Alfonso de Alvarado, conquistador espagnol de la région, ordonna aux habitants d'abandonner les maisons rondes en pierre qu'ils habitaient (associées curieusement aujourd'hui à une époque précivilisée) et de se construire des maisons rectangulaires, probablement d'*adobes. *Ceux qui ne voulaient pas accepter le christianisme, selon la même tradition, à l'arrivée des Espagnols s'enterrèrent vivants. Ils ressortent de leurs tombeaux chaque année le 3 mai, à l'occasion de la fête de la Croix, et célèbrent leurs rites anciens. Il est intéressant de noter que, dans ce conte, la fête se déroule comme n'importe quelle fête de La Jalca actuelle, en présence d'autorités représentant des institutions coloniales et avec des serviteurs originaires des parcialidades Puy et Collana. Le nom La Jalca, hispanisation du quechua* shallka 'puna, *ou haut plateau désolé, n'apparaît pas dans le texte quechua où l'on se réfère au site de la communauté actuelle sous le nom de* llakta *ou* atun llakta, *ce qui signifie tout simplement la communauté, la grande communauté ou la communauté par excellence.*

Le dialecte quechua de Chachapoya, de provenance inconnue, remplaça la langue locale des Chachapoya au cours du XVIIIe *siècle. Encore langue véhiculaire principale au début du* XXe *siècle, il disparaît peu à peu au profit de l'espagnol.*

L'histoire du « Messager imprudent » a été racontée par un membre de la communauté de La Jalca en septembre 1975 ; le narrateur a une connaissance des traditions locales fort appréciée dans le cercle de ses amis et de sa famille. Cependant, sa version des faits n'est pas toujours considérée comme très orthodoxe. Quelques détails ont été ajoutés par son fils, qui raconte également une conclusion différente. La femme du messager, convaincue de sa mort, s'apprête à se remarier. La cérémonie va se réaliser quand son mari, chargé d'or et d'argent, apparaît et réclame sa femme. Ce récit, raconté dans un mélange de quechua et d'espagnol typique du dialecte actuel de Chachapoya, possède un charme que la version française ne saurait communiquer.

La contraction des mots qui rend ce dialecte difficile à comprendre aux locuteurs d'autres dialectes quechua, l'allitération et un critère rythmique qui prévaut dans la construction de la phrase, les exclamations, les onomatopées et l'emploi judicieux de formules hybrides associant les deux langues donnent une qualité originale aux narrations quechua de Chachapoya. Quelques échantillons serviront à illustrer notre propos.

Le messager se réveille encore ivre et entend le roulement de tambours ; alors il se dit : añañaw, a señor, fyesta kázharishka, rin ñuk zhaw ! *(Exclamation d'admiration, exclamation d'origine espagnole catholique, la fête a commencé, j'y vais moi, exclamation d'envie.) « Ah, quelle joie ! C'est la fête qui a commencé. J'ai bien envie d'y assister. »*

Il voit pour la première fois la jeune fille dont il tombe amoureux : chēhna kōshk, kōshpak, kúyeshka, kúyeshna... nin. *(A-ce-moment-déjà il-la-vit, en-la-voyant il-l'aima, en-l'aimant... il-dit.) « Dès qu'il la voit, il en tombe amoureux. Alors il se dit... »*

En se réveillant, il se trouve entouré de squelettes : a maláya, kébnacha yarkash wáñusha ñukan, pero póderniyunka tukima lēd átyendshk warmk úzhktak, mánacha ímantak komtashk, pero bien atendido uzhk watatak undachk. *(Exclamation chrétienne exprimant le malheur, ici-peut-être affamé je-mourrai moi-déjà, mais [hispanisme] avec-son-pouvoir [expression hybride] de-toutes-les-manières elle-le-servit la-femme l'homme. non-peut-être de-ce-qui-était-à-elle elle-lui-offrit, mais bien servi [hispanismes] l'homme accomplit l'année.) « " Pauvre de moi, ici je vais mourir de faim ! " Cependant, grâce à ses pouvoirs surnaturels, la jeune femme va satisfaire tous ses besoins. Bien sûr, rien ne se passera entre eux. Mais il réussira à y passer une année sans trop de mal. »*

Actuellement, les traditions populaires de Chachapoya, conservées peut-être mieux qu'ailleurs à cause de son isolement, sont en train de disparaître en même temps que la langue indigène. Pour autant que je sache, aucun chercheur ne s'y est intéressé, de même que, malgré les splendeurs de la forteresse de Cuélap, peu d'archéologues semblent s'inquiéter de la destruction graduelle de son patrimoine artistique. Depuis 1968, la division spirituelle des communautés, due à l'œuvre de missionnaires protestants représentant plusieurs sectes ou des nouveaux catholiques trop zélés, est en train d'achever ce processus d'acculturation.

Le messager imprudent ou la fête des kulungus

Ollave est le nom d'une communauté des temps anciens. Ses habitants n'étaient pas de notre génération (c'est-à-dire des chrétiens). C'était une communauté de *gentiles.*

La grande place d'Ollave existe encore. Et, sur les marches de la construction au milieu de la place, il y a une croix. Et, tout autour, il y a de petites fenêtres. La fenêtre qui donne sur notre village est grande. Mais, tout autour, il y en a d'autres qui sont petites.

Si le vent souffle, si le vent souffle du côté de La Jalca, nous n'y laissons pas d'offrandes quand un de nos veaux disparaît car le vent éteint nos cierges. Mais tard, vers midi, nous les allumons et les plaçons [dans les niches] si le vent ne souffle pas de derrière. Et alors, exactement huit jours plus tard, le bétail que nous avions perdu réapparaît. Car il ne disparaît pas pour toujours. Tel est le pouvoir miraculeux de la croix d'Ollave, de ce saint [1], de cette grande croix ! Nous y allons quand nous perdons une vache, un mouton, ou si quelqu'un nous vole. Si nous n'y allons pas, c'est un péché. Mais si, en y allant, on prie et on y laisse une offrande, alors ce qu'on a perdu réapparaît. Quel que soit le lieu où le voleur l'ait vendu, il réapparaît car il ne se perd pas pour toujours. Voilà les miracles que fait la croix d'Ollave.

Ollave était une communauté des temps anciens. C'était la communauté de nos ancêtres, les gentils. Ce n'est pas La Jalca. Le nom de La Jalca n'est pas Ollave. On appelle le lieu où nous vivons maintenant Jalca. Le site de La Jalca n'est qu'une partie

1. Le terme quechua *yaya,* dont le sens originel était « père », ne se réfère dans le dialecte actuel de La Jalca qu'aux saints de l'Eglise catholique. Il y a certainement eu ici une continuation de tradition cultuelle, car les croix étaient généralement placées au-dessus des lieux de culte précolombiens.

des terres de notre communauté. A l'époque où La Jalca est devenue chef-lieu de district, Lopecancha était une de ses dépendances. Alors les autorités du nouveau district envoyèrent un messager de La Jalca à Lopecancha. Sur le chemin du retour, les habitants de Lopecancha l'invitaient l'un après l'autre à boire du *guarapo* [jus de canne fermenté] avec eux. Ainsi, lorsqu'il est arrivé au croisement des chemins d'Uchillo, le *guarapo* commençait à faire sentir son effet. Il s'est étendu sur le chemin et s'est endormi.

Et voilà que tout à coup, au milieu de son sommeil, il entend des bruits. Sous l'effet d'un enchantement, les membres de la communauté d'Ollave commencent à sortir de leurs tombeaux. C'est la fête du 3 mai. Il distingue le roulement d'un tambour. « Ah, quelle joie ! C'est la fête qui a commencé. J'ai bien envie d'y assister. » Alors, encore saoul, il se réveille. Assoiffé, il part à la recherche de *chicha* à boire. Alors, le voyant, les *kulungus* [les esprits des gentils] l'appellent et, l'un après l'autre, ils l'invitent à boire. De tous les côtés, il est invité. On lui apporte du *mote* [des graines de maïs bouillies], du *locro* [sorte de soupe épaisse à base de pommes de terre], des cruches de *chicha,* des *chochos* [type de graine]. Ils le conduisent au milieu de la place où une grande nappe est étendue sur le sol. Il est invité à s'asseoir avec eux.

A ce moment, des joueurs de harpe apparaissent en jouant d'une manière sublime. Mais leurs harpes ne ressemblent pas à celles de La Jalca. Les cordes sont toutes en cuivre, le cadre est en argent au lieu d'être en bois. « Alors, se dit-il, je ne suis pas à La Jalca ! » Et, tout étourdi, il s'assied et regarde le spectacle. Les différentes corporations se succèdent en exécutant chacune ses danses traditionnelles *(invenciones),* rythmées par des tambours. Ceux-ci, au lieu d'être en peau, sont en argent pur plaqué sur un cadre en cuivre. Les battants sont en bronze. Les flûtes qui les accompagnent sont en or.

Pendant qu'ils jouent, voici Monsieur le Juge qui se dirige vers le banquet. Il s'assied. C'est un imposant monsieur. Deux serviteurs le suivent. Chacun trinque. « De la part des Collana, de la part de Monsieur Chávez, de la part de Madame Kuri ! » Deux serviteurs des *ayllus* des Puy et des Collana le saluent. « Bonsoir, Monsieur le Juge. Bonsoir, bonsoir. Eh bien, nous voilà maintenant tous réunis, Monsieur le Juge. Alors, à votre santé ! Trinquons *a la llegada* [2], Monsieur le Juge Iskuruna Kunaruna Bolarunto Makichaka Tujto. » On lui offre une calebasse pleine de chicha. Il reçoit le *pate asiento.* Il trône, tout seul, imposant et majestueux. Sa femme Juana Paela Pomcena Mikiyajta Tujto, assise derrière lui, est également d'une taille notable. Les toasts se poursuivent. « De la part de Monsieur Chávez, *su primer asiento, sus pasamanos, sus tres asientos !* » On l'entoure de toutes les attentions que mérite son rang. On emporte la première nappe ; on en rapporte une autre, pliée, que le juge ouvre [3]. Les serviteurs arrivent. « De la part de Monsieur Kuri, de la part de Madame Kuri, *a su llegada !* » Alors on procède à la distribution du *kumumut* [4], ensuite on apporte le *susurmut* [5]. Chacun commence à cueillir la portion qui lui revient du *purtumut* [mélange de haricots et de *mote,* plat de base de la nourriture des Chachapoya].

Alors le messager de La Jalca, déjà saoulé par la chicha des kulungus, s'assied à côté d'un monsieur. La fille de ce monsieur arrive en apportant la portion de nourriture attribuée à son père. Dès qu'il la voit, le jeune homme en tombe amoureux. « Pour rien au monde je ne retournerai chez moi, se dit-il. Je vais rester ici. » Le banquet arrive à son terme. Les autorités font les louanges des splendeurs de la fête. Les danseurs exécutent leurs rites. On consomme le *bendityaco.* Ensuite, tous se mettent debout. Mais le jeune homme, fou d'amour, ne s'en va pas. Il prend la cruche du père de la jeune fille et l'accompagne à la maison. Là, il se met sur le lit à côté d'elle et, tout joyeux, la

---

2. Le répertoire de toasts employés dans les banquets rituels de La Jalca est difficilement traduisible.

3. La nourriture préparée pour le banquet rituel, connu sous le nom de *plasamesa* (de l'espagnol *plaza* et *mesa*), est apportée aux hôtes dans des nappes pliées qui sont ensuite ouvertes et étendues sur le sol. Chaque participant a le droit d'emporter une portion de la nourriture (appelée en quechua *alsa,* terme dérivé de l'espagnol *alzar*).

4. Le terme *kumumut* est dérivé de l'espagnol *común* et du quechua *muti (mote).* Il s'agit des portions de grains de maïs bouillis qui seront distribuées aux invités.

5. Le banquet se déroule à la manière des fêtes patronales traditionnelles. Le *susurmut* est la portion de maïs qui revient aux *mayordomos* nouvellement élus.

prend dans ses bras. Mais la jeune fille, n'étant qu'un esprit, l'endort.

Quand il se réveille, il regarde vers sa compagne et qu'est-ce qu'il voit ! Il se trouve entouré de squelettes. On lui avait préparé un lit rustique et des couvertures. « O, mon Dieu, qu'est-ce qui m'est arrivé ? Je suis parti de chez moi chargé de transmettre un message et me voici réduit à cet état ! Pauvre de moi, ici je vais mourir de faim. » Cependant, grâce à ses pouvoirs surnaturels, la jeune femme va satisfaire tous ses besoins. Bien sûr, rien ne se passera entre eux. Mais il réussira à y passer une année sans trop de mal. Alors, de nouveau, le jour se présente où les gentils vont sortir de leurs tombeaux. Ils l'accompagnent en lui montrant mille marques d'estime et d'affection. Un homme lui apporte un sac. On réunit des calebasses, des assiettes, des cuillères — tout en or —, des écharpes, des tuniques, des pantalons, des ponchos, des draps et, ayant rempli le sac avec tout cet or et tous ces vêtements, on le lui donne. Alors on ouvre la porte du tombeau et le voilà de nouveau sur la place de la croix. Les joueurs de tambour commencent leur procession. Partout, on insiste pour qu'il reste avec eux pour la fête. Mais, cette fois-ci, il ne se laisse pas tenter. Alors le père de la jeune fille lui dit : « Et maintenant rentre chez toi, dans ta maison, dans ton pays ; n'oublie pas ce qui t'est arrivé pour qu'aucun autre imprudent ne suive ton chemin. Tes expériences serviront de leçon. Ainsi jeunes et adultes sauront ce qui risque de leur arriver quand ils se saoulent. C'est comme ça que tu les tiendras sur le droit chemin. »

Cependant, ici à La Jalca, personne n'a su cette histoire. C'est quelqu'un de passage qui, un jour, me l'a racontée.

Recueilli, présenté et traduit par Gerald Taylor

Poèmes mapuche

Les Mapuche sont les descendants des Araucans indomptés qui résistèrent à la conquête inca puis à l'invasion espagnole. Pendant deux siècles, une frontière sépara le Chili colonial du Chili indien. Les Mapuche furent « pacifiés » dans la seconde moitié du XIXe *siècle et commença alors l'usurpation de leurs terres. A la fin de l'année 1970 et au début de 1971, un fait nouveau éclata dans la vie nationale : l'irruption des Mapuche dans les luttes sociales. « Réduits à pratiquer une économie paysanne de subsistance, 400 000 Mapuche, concentrés dans les provinces de Malleco et Cautin, ont entamé, en marge des institutions, une lutte pour la récupération de leurs terres qui les a amenés à des affrontements avec la bourgeoisie agricole. Il y avait un siècle que pareil événement ne s'était pas produit dans ce pays où le Mapuche semblait devenu une curiosité folklorique* [1]*... » Mais ce fait n'était concevable que dans le contexte de l'expérience politique de l'Unité populaire de Salvador Allende.*

C'est à cette époque qu'Ana Pizarro rencontra quelques groupes d'Indiens Mapuche. Pendant le temps qu'elle passa auprès d'eux, elle enregistra plusieurs poèmes ; elle écrit à ce

1. A. Pizarro, « Conditions sociales et origines de la poésie épique : le cas du peuple mapuche au Chili », *Idéologies, littérature et société en Amérique latine,* Bruxelles, 1975.

propos : « Au cours des nombreuses entrevues que nous avons réalisées, nous avons vu se dégager une structure fondamentale de la conscience mapuche dont l'unité de base est le problème de la terre. Problème formel de la propriété qui se projette historiquement sur l'image du Mapuche non encore colonisé, l'Araucan ; de la guerre coloniale... de l'état actuel de misère du peuple mapuche... de la lutte pour la récupération de la terre... chacun de ses problèmes se trouve exprimé dans quelques textes dont nous avons essayé de traduire l'unité originale en choisissant pour titre cette expression que les Mapuche eux-mêmes nous ont donnée : " Estas son nuestras cosas. Esta es nuestra conversacion. Tfatañi-dugu[2]. " »

Ces poèmes ont été recueillis des Mapuche directement en espagnol.

2. *Ibid.*

Le Mapuche d'autrefois

Ainsi était le Mapuche d'autrefois
« Je donne mon sang
je ne donne pas ma terre » disait-il
Ainsi étaient les Mapuche d'autrefois
ceux qui moururent
« Je ne la donne pas ma terre
je donne mon sang
je ne le donne pas mon champ »
Jusqu'au jour où ils s'éteignirent
Et il a donné son champ
tant il a souffert mon grand-père
Il a beaucoup souffert avec ce pays
Vous croyez que les autres arrivent
et qu'on leur donne comme ça
Non
On a beaucoup lutté
Elle souffrait et elle pleurait ma petite grand-mère
On pleurait
On dit qu'on a beaucoup souffert
de la guerre
Ils eurent la guerre pendant on ne sait combien d'années
Elle a beaucoup souffert ma grand-mère
Pourquoi se sont éteints les Mapuche ?
A cause de la guerre
à cause de ce pays ils ont souffert
et nous continuons à souffrir
Jusqu'à quand vont-ils nous déposséder ces Chiliens ?
Ces Chiliens
peut-être vont-ils nous rendre tout ça
Ce n'est pas à eux

Récupérons nos terres !

Compagnons
pour commencer je vais vous raconter
comment nous on s'est organisé
                dans la campagne
entre Mapuche pauvres et huincas [1]
Qu'on avait réunis
Pour aller prendre le *fundo* [2] Rucalan
Sans le conseil de personne
Sans que personne nous ait dit quelque chose
Nous-mêmes on a fait l'effort
Pour commencer
                        on est venu on s'est unis
et on est allé nous autres à Rucalan
nous approprier cette terre
car nous on en avait besoin
Cette terre était complètement à l'abandon
Alors on a décidé de venir
travailler cette terre
            tous ensemble
on a fait l'effort entre nous
On est venu en marchant
en apportant les outils
                ces outils
qui nous servent pour le travail
Moi j'ai apporté une hache
            et puis mon maillet pour jouer
et ma flûte pour jouer aussi
On est arrivé à cette terre

1. Blancs exploités par le propriétaire terrien.
2. Grande propriété terrienne, traduit dans le texte par « terre ».

on s'est installé
et on est resté là à travailler
quelques jours
Puis le patron est arrivé
Il nous a chassés à coups de fusils
comme des bêtes
Et nous autres sans aide
sans armes
on a pu résister un peu
mais on a dû s'enfuir
car nous étions sans défense
On est parti
mais sous une pluie de balles
Heureusement encore il n'y a pas eu de morts
d'enfants
ni de mères
ni parmi nous
qui sommes pères de famille
Je remercie Dieu
que nous n'ayons pas eu ces pertes
Mais on a été malmené
par le patron
Mais on n'a pas perdu courage
On s'est organisé avec plus d'énergie encore
On a fait l'effort de revenir
pour reprendre cette terre
On y est allé compagnons
car le courage ne nous manque pas.
Nous
nous ne connaissons pas les armes
Nous nous défendons avec un bâton
et la vaillance de notre corps
Tous ensemble avec nos compagnons
Maintenant de nouveau
nous luttons
nous travaillons
la terre de Rucalan
Quarante-deux hommes
Unis

comme les fils d'un même père
Nous travaillons cette terre
qui ne produisait rien
Avec l'union
nous on a fait la force.
Huincas et Mapuche pauvres
nous tous
On a fait l'effort pour progresser
pour en finir avec ce dénuement
Avec cette misère
Et maintenant nous vivons nous vivons
en travaillant notre terre.
C'en est fini maintenant du chômage
c'en est fini des patrons
Maintenant maintenant
nous sommes les maîtres de la terre
Plus personne ne nous gouverne
Et nous maintenant
nous ne sommes plus écrasés comme autrefois

Recueillis et présentés par Ana Pizarro
Traduits par Ariane Bouissou, Michel Constans
et Claude Mercier

Nous

Nous
avec art
nous devons les soigner
les maladies
Avec de petites potions d'herbes
et de mes propres mains les miennes
j'ai guéri beaucoup d'enfants
gravement malades
mais grave gravement
Et je les ai faits revenir
eux
avec leurs petits os comme on me les avait apportés
— on peut appeler ça un cadavre déjà —
tous étaient saisis de paralysie du sang
et tout
Les petites mains
tout ça
en plus la petite langue qu'ils avaient avalée
il a fallu la leur tirer avec les mains dehors
leur donner une petite boisson fraîche
voilà
une petite potion
souvent un petit lavage voilà
l'une ou l'autre façon
pour faire tomber la fièvre
parce que c'est de fièvre que nous mourons nous à la campagne
et si nous ne faisons pas attention à ça
nous mourons pas davantage
il nous faut posséder cet art
quand la compagne est très ignorante
son enfant meurt

des tas de femmes ont perdu leur enfant
                                        pas seulement une
elles vont à l'Aide sociale
elles vont au médecin
elles reviennent avec les enfants malades encore plus gravement
ils meurent en route
c'est une chose très triste   le paysan ma compagne

Comment ils volèrent leurs terres aux ancêtres

Vint un homme
                    un gringo sans doute
il s'appelait Rudecindo Elgueta
tel est celui qui vint faire ici des fossés
                              il vint avec un grand chien
ils commencèrent à enlever la terre
à cela les vieux ne dirent rien
                         car ils ne savaient pas
ils étaient ignorants
ils ne savaient pas parler non plus
ils arrivaient
                 clôturaient
s'appropriaient
en réduisant   réduisant
ici la terre des Mapuche
et que pouvaient-ils dire
ils savaient parler
                        mais dans leur propre langue
quand on leur prenait leur terre
« Tregua gueda huinca
ninmano ga ñi mapu »
ils se mettaient à pleurer ainsi
« Dieu aide-moi »
« Tva chi gueda huinca lape »
Voilà
la seule chose qu'ils savaient
ainsi peu à peu
ils ont tout réduit ici
pensant bien
                 pensant
comme on dit haut mapuche ici

que les aïeux
étaient des ignorants
lents d'esprit
suivant la volonté des plus puissants
qui étaient avant
ils les acculèrent
leur enlevèrent leurs terres
les trompèrent avec quelques litres de vin
une paire de pesos
ils les prirent
les traitèrent comme des animaux
puisqu'ils avaient l'argent
le patron lui-même les emprisonnait
et leur disait
« Voilà
donne-moi un hectare de terre
je te tire de prison »
et l'homme donnait son hectare de terre
et la terre aussitôt à l'autre revenait
Voilà comme on a acculé
toute l'ancienne race mapuche
et voilà que lorsque nous arrivons nous sur cette terre
nous arrivons sans rien
et nous n'avons rien vu

Recueillis par Ana Pizarro et traduits par Pierre Lartigue

Forêt amazonienne
Tatuyo, Sikwani, Andoke, Miraña, Yanomami

Il aide son cœur à dire, il aide son cœur à penser...

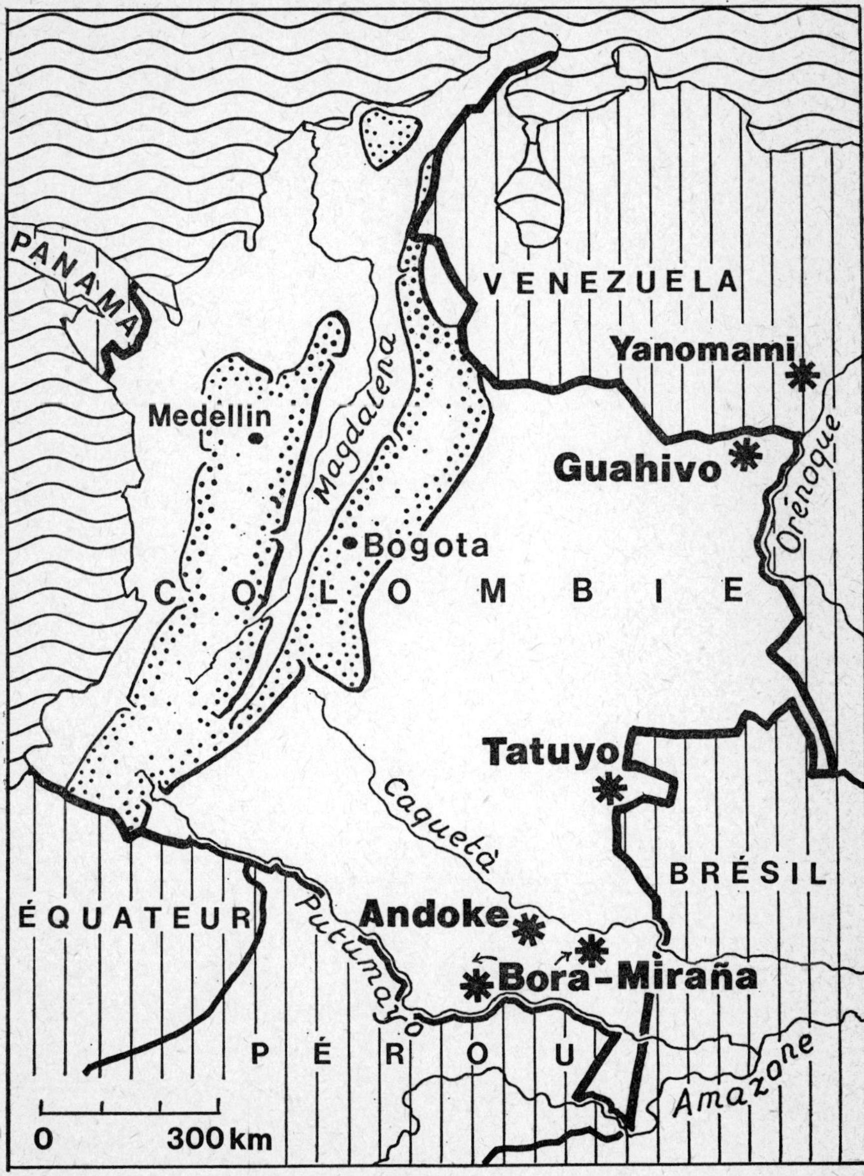
PANAMA
VENEZUELA
Yanomami
Guahivo
Orénoque
Medellin
Magdalena
Bogota
C O L O M B I E
Tatuyo
Caquetá
BRÉSIL
ÉQUATEUR
Putumayo
Andoke
Bora-Miraña
P É R O U
Amazone
0
300 km

« Soûl de yahé » : Indiens Tatuyo

L'auteur des paroles rapportées ci-dessous, intitulées « Soûl de yahé », est Omero, un indigène tatuyo habitant la région du nord-ouest de l'Amazone.

Les Tatuyo (Pâbôâ bâhâ), qui se nomment eux-mêmes « Fils de l'Anaconda céleste », constituent une petite tribu d'environ trois cents individus appartenant à l'ensemble linguistico-culturel tucano. Les Tatuyo vivent sur le cours supérieur du Pira-paraná (Vaupès, Colombie).

Pendant deux mois, en octobre et novembre 1973, presque quotidiennement, Omero, assis sur son petit banc de bois, disait les paroles du mythe. Il ne s'arrêtait par moment que pour rallumer son cigare ou reprendre, dans sa vieille boîte en fer-blanc, une bonne cuillerée de coca.

Assis en face de lui, je reprenais les derniers mots de chaque phrase selon un procédé rythmique qui est fondamental à l'énonciation de la parole chez les Tatuyo. Le magnétophone enregistrait, des heures durant...

Cependant, parfois, malgré l'assurance de l'ethnologue, naissait un doute : « Quel sens cela pouvait-il avoir ? Où était la signification de tous ces mots ? »

La réponse d'Omero, qui est un chamane-qui-enseigne, fut la suivante :

« Comment pourrais-tu savoir ? Mais cela ne fait rien ; écoute ces mots, apprends ces paroles, apprends-les par cœur ; à la

prochaine fête, tu prendras du yahé et tu verras. Puis, de nouveau, écoute ces mots, écoute-les souvent, encore et encore, qu'ils soient bien en toi ; tu prendras de nouveau du yahé, et tu verras, tu commenceras alors à savoir : le yahé aide ton cœur à dire, le yahé aide ton cœur à penser. Ainsi apprend-on les choses. »

Le yahé est une plante cultivée dont la tige-liane présente des nodosités régulières bien caractéristiques (c'est comme un doigt, disent les Tatuyo), appartenant au genre banistériopsis. Lors des rituels, l'écorce de la tige de yahé est broyée dans de l'eau froide, le liquide est ensuite filtré. La boisson, puissamment psychotropique, est alors prête à être consommée.

Les paroles rapportées ci-dessous, « Soûl de yahé », disent non pas un « voyage au yahé », car ce vécu spécifique relève du domaine de l'ineffable, mais retracent les grands traits et articulations d'un tel voyage.

Après la fête, de retour dans « ce monde-ci », ce qui peut être dit de ce voyage dans l' « autre monde » quand les gens étaient póhe *avant de venir naître sur cette terre, ce sont précisément toutes les paroles, tous les mots ordonnés de la mythologie et du récitatif tatuyo.*

Le mot tatuyo póhe est habituellement traduit, dans la région du nord-ouest de l'Amazone, par yurupari, *un mot d'origine tupi. Le mot póhe est, selon les contextes :*

— un « état », celui du soleil primordial et de tous les gens et de toutes les choses sur terre quand ils sont dans cet état de póhe (naissance, mort, initiation, règles des femmes) ;

— un qualificatif, attribué à tous les objets qui sont liés au rituel dit de yurupari ;

— des instruments de musique : des flûtes et des trompettes (les « os du soleil »), que les gens reçurent quand ils naquirent gens sur cette terre.

Pour les missionnaires, póhé, yurupari, c'est le Diable.

Au début, content les Tatuyo, les gens ne voulaient pas venir naître sur cette terre ; ils ne voulaient pas connaître la souffrance, la maladie et la mort ; mais rester póhe, confondus avec le soleil primordial. Mais le soleil voulut qu'il y ait des gens et, quand il pénétra dans « ce monde-ci », à la Porte d'Eau, il laissa derrière lui une partie de lui-même, son fils, Anaconda Yurupari (pôhe pidô), l'ancêtre des gens.

Sous l'apparence corporelle d'Anaconda Yurupari, les « gens-yurupari » (pôhe bâhá) vinrent, ils remontèrent la rivière, le « chemin d'eau des yurupari », se transformant progressivement de pôhe en gens, de pôhe en bâhá. Enfin, parvenus sur le cours supérieur du Pira-paraná, le centre du monde, ils sortirent définitivement de l'eau et se dressèrent dans leur corps de gens sur la terre. Ainsi naquirent les Tatuyo, ainsi sont les Tatuyo.

Lors des rituels périodiques de yurupari (les rituels d'initiation), tandis que le chamane « souffle » pour protéger les gens, les hommes brûlent dans la calebasse la cire d'abeille dont la fumée se répand sur tout le monde, ils boivent la chicha épaisse, ils fument le tabac en long cigare, ils mangent la coca en poudre, ils aspirent profondément par les narines le tabac finement pulvérisé et ils boivent, par petites calebasses, le yahé amer.

Pleins de ces substances sacrées, ils sont transportés dans l'« autre monde », le monde du début, quand tous les gens, toutes les choses étaient pôhe. Ils sont dans la « terre de l'herbe blanche », terre sans limites où plus aucun arbre ne vient de son épaisseur heurter la vue, espace de lumière où apparaissent, dérivent, se succèdent les images fantastiques du temps de la création.

Bientôt résonnent les yurupari (les flûtes et les trompettes jouées par les hommes), ils arrivent comme au début. Et de nouveau, comme au début, est vécu le grand mystère primordial : en effet, les hommes, dans le secret de leur manipulation (la vision des yurupari est interdite aux femmes sous peine de mort), s'affirment alors comme ceux qui peuvent « entendre » le flux musical de la voix des ancêtres et le traduire en unités distinctes, les mots, *les* choses *(c'est le même mot, wâbe, en tatuyo), et dire ainsi, en remontant la rivière, une nouvelle fois le monde des êtres incarnés, le monde des gens. Ils sont alors créateurs à l'égal des dieux.*

Kápi békioro

(soûl de yahé)

Quand un homme boit le yahé, quand il est bien soûl de yahé, une chose arrive là, une autre là, un bruit ici, un autre là, de partout des bruits, des sons, des couleurs arrivent ; là, là, là, là...

Il voit d'abord une fourche, comme une croix, noire.

Il reprend du yahé et, bien soûl de yahé, il voit comme un collier de perles, mais on ne distingue pas les perles, c'est un collier blanc.

Il reprend du yahé ; bien soûl de yahé, il voit les belles plumes de l'oiseau caurale ; il voit les taches, les barres multicolores de ses ailes soigneusement peintes sur les trompettes *tarira,* pareilles aux beaux motifs des plumes du jaguar-aigle.

C'est la terre même qui forme sur le sol ces motifs de couleur.

De là-bas, au loin, il entend parler le yahé... të-të-të-të-tëtëtëtëtëtë, dit le yahé... ki-ki-ki-ki-ki-ki-nga-nga-nga-nga-gnaaaa-aaaaaaââââaaa, dit le yahé.

Le yahé parle, résonne dans ses oreilles... tééééé-tééhéé-tééhéé-ééhéééééééé-ëë-ëë-ëëë ëëë... il entend les yurupari, comme au début.

Tsâmi-tsâmi-tsâmi-tsámi-pô ! pó ! Les fouets cinglent l'air... pfaa-pfuu-uuuuuuuuuuuuuuu...

Les maladies de là-bas, les maladies du chemin d'eau de la tige de manioc, les maladies des portes des gens-yurupari de la tige de cire, n'aiment pas les gens ; les maladies n'aiment pas les gens danseurs qui s'avancent-en-ligne-jouant-des-yurupari, les maladies n'aiment pas les chamanes-qui-enseignent, les maladies sont mauvaises pour eux.

Le chamane souffle, il protège les gens ; d'un coup de filet, il attrape les maladies et les rejette au loin. Avant de tomber malade, on rêve ainsi de poissons-maladie. Avec son filet, le chamane pêche les poissons-maladie, que les maladies ne se rencontrent pas avec la maloca, que les maladies ne viennent pas coller aux feuilles du toit de la maloca, que les maladies n'entrent pas dans la maloca. Il les pêche et les rejette au loin, là-bas, à la porte de l'extrémité des gens-yurupari (amont/ouest), à la porte de l'embouchure yurupari (aval/est), aux portes des côtés yurupari. Il fait un écran, il attrape les maladies et les rejette au loin.

Bien soûl de yahé... huwé-huwéé-wéééééééééé... font les yurupari... wéé-éééééééééééééé...

Il les entend maintenant comme des gens qui marchent, qui courent... gëëëëëëëë-eré-ëré-ëré-ëré-éééééé-ëë-ëëëëëë... ils tiennent dans leurs mains les arcs et les faisceaux de longues flèches, ils courent, elles résonnent... bagi-bagi-bagi-bagi-híhihi-híhihi-híhihi-hiiiiii... il les entend comme des gens.

Maintenant il s'assoit, il ressent une chaleur forte.

Le danseur danse bien quand il est soûl de yahé. Il danse la chanson du poisson :

> il danse, il va, il vient, il ondule
> comme un poisson dans l'eau.

C'est ainsi, comme au début, quand les gens vinrent pour naître, quand ils connurent les choses :

> les gens s'avancent, ils vont comme
> les poissons dans l'eau.

Avec un bâton, celui qui sait danser frappe le sol... gërë-gërë-gërë-gërë...

Cet autre qui sait parle, il souffle ; il dit :

> tige de cire du chamane pour souffler
> chemin d'eau des yurupari
> vieilles malocas de yurupari de la tige de cire
> portes des gens-yurupari

Là-bas sont les malocas de la nourriture tige de manioc, les malocas des animaux, les malocas des poissons-qui-emportent-les-gens. Ce sont là chose des gens maléfiques, chose des gens-crapauds *woa,* chose des gens-qui-emportent-les-gens. Les armes tuent, la graisse dans le corps tue, elle attire les serpents qui mordent, les arbres tombent et tuent, le poison tue. Ce sont là chose du jaguar-vers, chose du diable yurupari. Cela n'est pas bon pour vivre, cela rencontre les pères des feuilles (les chefs de malocas), cela rencontre les gens danseurs-conteurs.

Le chamane arrête le mal de toutes ces choses, il ouvre les portes et rejette le mal, le fait passer au loin. Il ramasse, redresse les cuirs de tapir, les fouets, il prend et dispose, ici et là, toutes les choses pour protéger les gens.

Il prend les yurupari de chamane pour souffler, il prend les feuilles, il les met en place, les maintient pour qu'elles ne tombent pas.

Il change la parole. Ainsi fait le chamane, ainsi souffle-t-il.

Il fait un écran, protège ceux qui dansent.

Pour les gens danseurs-conteurs, il dit : vieilles malocas des gens danseurs-conteurs ; pour les chamanes qui enseignent, il dit : tige de cire de chamane pour souffler, tige de tabac de chamane pour souffler, il protège.

Bien soûl de yahé, il voit toutes les choses, le yahé montre les choses comme au début. Il dit : nous avons les choses comme au début, et comme au début sont toutes les choses.

Au début, là-bas, ils prirent la tige de yahé et vinrent, remontèrent la rivière, sortirent de l'eau ; ils prirent le tabac et vinrent, remontèrent la rivière, sortirent de l'eau ; ils prirent la coca-nourriture et vinrent, remontèrent la rivière, sortirent de l'eau, l'apportèrent.

Sur terre, il y a tout cela ; les gens danseurs-conteurs ont tout cela.

Il dit (le yahé dit) :

> ara des montagnes yurupari,
> rangées des bancs yurupari,
> trompettes dressées yurupari,

il dit toutes les choses des gens danseurs-conteurs.

Il dit (le yahé dit), et ainsi voit et apprend celui qui est soûl de yahé.

Les danseurs vont, ils dansent bien en file ; ils ont leurs beaux pendants-de-bras-pour-la-danse ; toutes les choses des gens danseurs-conteurs, ils les ont : elles ne sont pas dispersées, perdues. Nous les gardons et nous les transmettons toujours comme au début.

Il dit, ainsi parle le yahé.

Maintenant viennent les hochets... tsé-tsé-uhuu-uhuuuhuuu-huuuuuuuu-uuuuuuuuu-yáááaaaaaaaaaaaaa-hiíííiii-tsëëaaaaa, dit le yahé, les hochets résonnent... tsé-tsé-tsé-tsétsé-tsétsétséééé-éééééééé, dit le hayé.

Quand viennent les hochets, ce n'est pas bon, il respire, il souffle, des secousses, il tremble... kë-kë-kë-kë-tsëkë-tsëkë-tsëkë...

Tso ! ôôôô - TSÔÔÔ ! ôôôô - TSÔÔÔ ! ôôôôô, il vomit.

Maintenant, la chaleur revient dans son corps, c'est le bon yahé.

Il n'y a plus d'arbre, l'obscurité se dissipe, il est dans la terre de l'herbe blanche, le monde est ras (comme là, la piste de l'avionnette), lumineux, sans limites.

Il est maintenant dans le bon yahé.

Les « étages » (mondes, visions...) arrivent, s'enchaînent, c'est le bon yahé.

Les enfants maintenant jouent des flûtes de Pan, ils soufflent dans les flûtes de Pan, ils dansent.

On boit de la chicha.

« Moi aussi, je vais savoir », dit l'un. Il commence à voir, il voit, il apprend.

Vibre le bâton à sonnailles... këririririiiii-këririririiii-këriririi-këriri-këri-këri-hó-hó-hó-hooooooooo, ainsi parle le yahé.

Viennent les bonnes choses. Lui, il se tient assis, il regarde, le yahé l'envahit très fort, toutes les choses, tous les étages se succèdent, tout se déroule bien pour lui.

Ainsi pendant toute la nuit, jusqu'au matin, après le lever du jour.

Le jour, il reste là, comme cela, il entend des bruits, des paroles autour de lui, des gens qui parlent autour de lui, ici et là, des bruits, des formes, des couleurs.

Il dit, par la parole il est au lac de *huansoco,* il dit : perroquet de *huansoco ;* là-bas est le lieu pour adoucir le monde.

Il vient, remonte la rivière, arrive au vieux cercle de cire. Il appelle, fait venir à lui les tiges de cire de son cœur de gens, les tiges de *wahô* de son cœur de gens.

Il souffle, rejette les maladies, trace un cercle pour protéger les gens. Il arrête, écarte les mauvaises paroles, les paroles armes, les paroles qui blessent. Il refroidit, apaise les mauvaises paroles.

Il souffle, il coupe le chemin du mal.

Il souffle, il construit une enceinte pour protéger les gens, comme une clôture *(cereca)* autour des « tapirs d'herbe » (le bétail).

Il lave, épure sa pensée, que la maladie ne naisse pas ; ainsi fait le chamane sans relâche. Par la pensée, par la concentration de sa pensée, il envoie les maladies au-dessus.

Le yahé aide son cœur à dire, aide son cœur à penser.

Il dit, il souffle au-dessus de la calebasse ; là sont tous les mots, toutes les paroles des ancêtres, il voit tout cela, le yahé dit les paroles des ancêtres, il écoute pour apprendre, pour savoir.

Ça parle sans arrêt, comme dans un magnétophone *(garabadora).*

Ainsi est le yahé pour enseigner à souffler, pour apprendre à danser, pour apprendre à chanter, pour apprendre à parler.

Il écoute tout cela.

L'un apprend pour savoir parler, l'autre pour savoir danser, l'autre pour savoir souffler.

Après cela, le chamane souffle la nourriture (pour manger), il souffle pour ceux-qui-apprennent, il souffle les poissons, il souffle les animaux, il souffle les poissons de *barbasco,* il souffle les poissons poisons, il souffle le piment vert pour le donner à manger à ceux-qui-apprennent.

Ainsi sont les mots, ainsi sont les choses.

Là-bas, il commence à souffler la cassave, il remonte la rivière, il arrive, s'arrête au vieux cercle de cire, il va à la crique *tukawa,* il remonte, il arrive, s'arrête à la colline de l'arbre peint ; là sont les trompettes « nœud de yahé » et « pleurs », il souffle, coupe le chemin du mal ; il remonte, il arrive, s'arrête au banc de pierre laiteux, il remonte, il va, il arrive...

Recueilli, présenté et traduit par Patrice Bidou

Chants des Indiens Sikwani (Guahibo)

Les Sikwani occupent une grande partie des plaines herbeuses qui s'étendent des Andes à l'Orénoque. Certains sont nomades, d'autres nomades saisonniers, d'autres enfin agriculteurs sédentaires.

Les trois premiers chants furent recueillis pendant des danses communautaires. Ils sont interprétés par un soliste, danseur aussi ; chaque vers ou chaque distique, selon les chants, est repris en chœur par le reste des participants. Le tempo est lent. Les deux autres chants sont des chants de yopo : chantés par le sorcier sous l'influence de cette drogue et au rythme de la maraca, ils contribuent au conditionnement psychologique de l'interprète. Certains thèmes font penser que ce chant est également dansé (rythme plus rapide que les trois danses précédentes, sorte de pas de course circulaire).

I

je demande à ma nièce je demande
à la femme qui est couchée dans le hamac
si elle m'aime si elle n'aime que moi
là-bas sur la colline piririyanae
le feu de brousse s'avance
ce sont les gens qui viennent boire
le feu se voit de loin
par le sentier qui longe la lisière de la forêt
cheminent les gens en quête des colliers de perles bleues
les gens en quête de la peinture corporelle
je dis à ma nièce
je m'en vais c'est comme ça
je t'avais sollicitée
et tu n'as su que dire non non
le chemin me semble court
après-demain [1] est encore loin
je verrai les montagnes
puisque tu m'as dit regarde regarde
je regarderai pour toi je regarderai bien
et je verrai le chemin qui mène aux territoires parawa [2]
puisque tu m'as dit regarde regarde
bien que je sache combien la route est longue
pour avoir entendu ton nom je me mettrai en chemin

1. Sens littéral, c'est-à-dire temps postérieur à demain.
2. Partie orientale du territoire sikwani.

II

les perles [1] furent chassées chassées
comme un ver de terre j'émergeai
au bout du monde j'émergeai
à cause des visionnaires
des sorciers qui voient dans l'au-delà
la vision de l'éclair
tu l'as vue tu l'as vue
les perles furent chassées chassées
comme un ver de terre j'émergeai
dans un monde lointain j'émergeai
le kuwelematsi [2]
tremble sur la poutre
les perles furent chassées chassées
la poutre vibre
hallucinations des sorciers
comme celle de l'éclair
que tu connais aussi

---

1. Perles de verre bleues dont les colliers sont tenus en haut prix par les Sikwani. Aux temps mythiques, elles poussaient sur un arbre qui fut ravi aux hommes (c'est-à-dire aux Indiens) ; elles font aujourd'hui partie des produits manufacturés acquis auprès des Blancs.
2. Personnage surnaturel familier des sorciers en état de transe.

III

les gens de Limoninae [1]
m'ont dit reste ici
les perroquets de Parawa
chantent chantent
gens d'Uselapi-Boponae [1]
gens du pied de la colline
je verrai
le chemin qui mène aux territoires wau [2]
puisque tu m'as dit regarde regarde
je regarderai pour toi
les gens de Limoninae
m'ont dit reste ici
on voit la savane embrasée
par les gens des terrinoires wau

---

1. Limoninae et Uselapi-Boponae : villages sikwani ; ont des arbres *(nae)* pour éponymes.
2. Partie occidentale du territoire sikwani.

IV

le personnage xuipanali [1]
prise le yopo suriwa [2]
avec les Piaroa [3]
au seuil du crépuscule du soir
je prise inlassablement
sur la poutre est suspendu
le xuipanali
priseur de yopo suriwa
non non dis-tu
le canard malikai [4] est déjà passé
t'ai-je dit
tu m'as répondu non non
le priseur de yopo suriwa debout
secoue sa maraca indéfiniment

---

1. Personnage surnaturel (voir kuwelematsi).
2. Yopo : poudre hallucinogène. Suriwa : bille de cristal qui se loge dans la bouche pendant la prise de yopo ; pratique chamanistique.
3. Ethnie voisine des Sikwani, peuplant la rive droite de l'Orénoque. Les Piaroa sont estimés par les Sikwani pour leurs femmes et leur curare ; ce sont de grands priseurs de yopo également.
4. Repère chronologique dans le cadre de la journée.

V

voici le serpent tsawaliwali [1]
le vent se lève
la tempête menace
il vivait ici sous la terre
bien avant l'*étoile sainte* [2]
peignez-vous le visage
et levez-vous tous
comme *dieu* n'a rien dit
c'est tsawaliwali qui a parlé
voici le vent qui se lève
et déjà la tempête
c'est là ton savoir
il vivait ici sous la terre
commencez tous à danser

Recueillis, présentés et traduits par F. Queixalos

---

1. Serpent de la forêt ayant un statut mythique ; la Voie lactée s'appelle le Chemin de Tsawaliwali.
2. Les mots en italique sont en espagnol dans le texte : notions demeurées étrangères.

Chants andoke

Nous présentons ici quelques chants de la tribu indienne des Andoke. Ceux-ci vivent en Amazonie colombienne, près du fleuve Caqueta. Le groupe actuel, moins de deux cents personnes, perpétue la tradition d'une ethnie importante décimée au début du siècle lors des violences de l'ère du caoutchouc. Malgré leur quasi-extermination, les Andoke ont maintenu, ont repris de fait, le chemin de la coca et des fêtes, chemin de la croissance et de la vie.

Les chants qui suivent ne sont pas des textes majeurs, illustrations de mythes importants. Ce sont des poèmes improvisés lors de la phase préparatoire de certaines fêtes et adressés par le chanteur à tel ou tel individu ou renvoyant à telle ou telle situation particulière. En un certain sens, on pourrait les qualifier de « chansons à boire » puisque aussi bien leur exécution accompagne la distribution du breuvage d'amidon de manioc. Les inventions réussies sont mémorisées et chantées par la suite dans la vie quotidienne, hors de tout cadre rituel. Elles sont volontiers reprises à l'occasion de nouvelles fêtes.

Nous avons choisi deux groupes de chants renvoyant, par-delà l'anecdote, à deux des contradictions les plus graves auxquelles est soumise la petite société andoke : le conflit avec l'homme blanc, la tension entre les sexes.

Le rapport de l'Andoke à l'homme blanc s'exprime fréquemment par le rapport à peine métaphorique de la proie à son chasseur. Les Blancs sont d'ailleurs le peuple des tireurs ou des brûleurs, en référence au fusil. Alors que dans les mythes l'Andoke est soit chasseur, soit allié du chasseur, ces chants le situant tous du côté de la proie attestent l'immensité de l'angoisse née du génocide.

Pour sûr, le jaguar...

Pour sûr, le jaguar de l'Orient va te manger !
Pour sûr, le jaguar de l'Orient va me manger !
Pour la dernière fois, pour la dernière fois,
jouons de ma calebasse.

Chant d'adieu aux siens de Tonnerre-de-Pierre, dernier grand chef andoke lorsque, un peu avant 1930, l'armée péruvienne et les hommes de main des patrons caoutchoutiers surprennent le dernier grand groupe andoke et le conduisent en déportation vers le sud. C'est de l'orient, aval de tous les fleuves, que monte la menace carnivore, la menace blanche. « Jouons de ma calebasse », c'est-à-dire célébrons les fêtes où, bon hôte, je distribue la nourriture et la boisson dans les calebasses. Le groupe andoke actuel est, en grande partie, formé des fuyards et des évadés de cette colonne de déportés. Tonnerre-de-Pierre n'est jamais revenu. Son fils Duvet-Fiévreux est le chef actuel, littéralement l'animateur, des Andoke.

Il arrive gentiment...

Il arrive gentiment avec ses enfants,
il arrive gentiment avec ses enfants.
Grand aigle ! Pourquoi viens-tu refroidir
la coca de la bonne aigrette,
la cassave de la bonne aigrette ?
Il arrive pourtant gentiment avec ses enfants,
il arrive gentiment avec ses enfants.

Le Blanc n'a pas toujours des fusils. Il est même plus redoutable quand il se présente en ami, « gentiment avec ses enfants ». Ses pouvoirs refroidissent, c'est-à-dire tuent la force des aliments : l'aliment de la pensée qu'est la coca, l'aliment de la vie qu'est la cassave de manioc. L'aigrette, le bel échassier blanc des rivières, est l'image traditionnelle de l'Andoke, image d'une position d'équilibre dans la chaîne vitale : prédateur et proie à la fois, ni exclusivement l'un comme le jaguar ou l'aigle, ni exclusivement l'autre comme le tapir ou le poisson. « Attention à l'aigle rusé ! » De quel missionnaire, ethnologue ou commerçant voulait parler l'auteur ?

Voyez sa hache...

Voyez sa hache, voyez sa hache, voyez sa hache !
Nous avions honte devant elle dans le passé !
Tout s'achève pour nous.

Chant dédié à un grand chef miraña (ethnie voisine des Andoke) dépossédé par les Blancs de tout son pouvoir (sa hache). « Cet homme qui avait tellement de gens avec lui, qui faisait de si belles fêtes qu'il nous faisait envie, voyez ce qu'il est devenu ! » Brusquement, le sarcasme fait place à la désolation. « Ce qui est arrivé au Miraña nous est arrivé à nous aussi. Tout s'achève pour nous, les habitants de cette terre ! »

CHANTS DE LA PUISSANCE DE LA FEMME

La tension entre les hommes et les femmes exprime la contradiction première de ces sociétés selvatiques fondées sur la division sexuelle du travail. L'homme pense, il est fils de la coca ; la femme cultive, elle est fille du manioc. La coca ne provient-elle pas de la métamorphose de cet homme qui s'enfuit de chez lui parce que sa femme lui refusa la cassave, sous prétexte qu'il passait son temps à méditer ? On n'est jamais sûr — mauvaise conscience surgissant d'une certaine forme d'exploitation ? — que la femme, maîtresse de l'agriculture, donc maîtresse de l'alimentation quotidienne, va continuer à nous nourrir. Le véritable danger n'est pourtant pas qu'elle nous reproche son travail et notre moindre travail. Le danger est qu'elle dévoile son énigmatique nature d'être érotique et frivole. Ces inquiétudes sont aggravées dans le cas des Andoke par la rareté des femmes, disproportion elle-même issue du génocide et dont l'effet est évidemment de renforcer le pouvoir féminin.

Son duvet, son duvet...

Son duvet, son duvet t'a rendu amoureux ;
duvet du colibri des sources, duvet du colibri des sources.
Se prend-elle pour le colibri des sources
qu'elle ne nous sert pas à manger ?

Les invités d'une fête se moquent du maître de maison à cause de la pauvreté de la nourriture. Le duvet des oiseaux, parure de bal très appréciée, désigne ici par extension l'attrait sexuel de la femme. « La beauté de ta femme n'est pas une raison suffisante pour négliger tes invités. Ou bien se prend-elle pour ce colibri fabuleux [les sources désignent l'Orient, le pays du mythe] qui virevolte tout le jour sans se fatiguer ? »

Hélas près de toi...

Hélas près de toi !
Hélas près de toi !
Affamé je suis, moribond me sens.
Tu as pourtant, toi, ne serait-ce qu'un peu d'eau.
Mais moi !... Près de toi,
affamé je suis, moribond me sens.

Plainte de l'époux ou du fiancé, inventée par Duvet-d'Eau du clan des Rapaces. La femme a toujours au moins de l'eau, c'est-à-dire ici de la bouillie d'amidon de manioc. Ces plaintes ne doivent pas nécessairement être prises au sérieux. L'Amazonien aime beaucoup l'antiphrase. Le contexte permet souvent d'interpréter ce genre de chants comme des expressions de satisfaction... avec l'ironie que crée l'antiphrase.

Quant à moi...

Quant à moi, je suis pensif.
Cette femme qui apportait la hache,
où donc s'en est-elle allée ?

L'ami du fils du chef est perplexe. La femme de ce dernier l'a quitté pour un autre, éliminant du même coup la possibilité pour lui de devenir chef. Un homme sans femme, donc sans descendance propre, sans aliments, sans alliés, ne saurait être la tête, l'animateur du groupe. Où donc, pourquoi donc est partie la femme qui apporte la hache, la femme qui apporte le pouvoir ?

Chant de clôture

Le chant qui suit n'a pas d'auteur assignable. Nous l'avons extrait — en guise de morale : il est lui-même morale — d'un rite important, celui de la fondation-invention d'une nouvelle maison collective. La sarigue, gendre du Prince-de-l'Illusion, s'adresse aux Andoke :

Enfants de l'Aigrette, buvez les premiers.
Enfants de l'Aigrette, buvez les premiers.
Et surtout, ne mettez pas votre cœur
du côté
de ce qui rend triste !

« Peuple andoke, tu es au centre du monde et tu as bien le droit de boire le premier. » Suivent deux leçons possibles : « N'en tire pas argument pour mettre le cœur [littéralement le foie] dans la voie du mépris » ; ou : « De ce fait, ne mets pas ton cœur dans la tristesse. »

Ces chants — sauf le dernier, enregistré au cours d'une fête par notre collègue Roberto Pineda C. — nous ont été enseignés par Dame Cerf-Affaissé, une des femmes importantes du groupe. Ils ont été traduits à l'aide de Pointe-de-Pierre, fils aîné du chef des Andoke.

Recueillis, présentés et traduits par Jon Landaburu

Chants de la Hache : Indiens Bora et Miraña (Amazonie colombienne)

La région située, en Colombie, entre les cours moyens des fleuves Putumayo et Caqueta, deux des grands affluents de l'Amazone, était occupée jusqu'au début de ce siècle par les Indiens Bora, Miraña, Muinañi et leurs voisins Witoto, Ocaina, Nonuya et Andoke. L'exploitation du caoutchouc attira vers ces contrées nombre d'aventuriers qui furent employés par la Casa Arana. Les Indiens furent réduits en esclavage, exterminés ou déportés ; certains s'enfuirent au Brésil, d'où ils ne sont jamais revenus. Actuellement, trois cent cinquante Bora et deux cents Miraña vivent encore sur leurs terres d'origine.

Les « Chants de la Hache », que nous présentons ici, sont parmi les plus tristes du répertoire des Indiens Bora et Miraña. Ce sont des chants d'adieu et de révolte. Ils sont exécutés à l'occasion des fêtes rituelles : fête de la poutre de danse ou tïri, *fête d'inauguration d'une nouvelle* maloca *(grande maison plurifamiliale), chants* iXco ? hï *du chef de celle-ci et de sa femme quand ils reçoivent les invités et leur offrent, avant qu'ils n'entrent dans la maison, des calebasses de* cahuana *(boisson rituelle d'amidon de manioc amère).*

I. Chant miraña pour répartir la cahuana

L'Aigrette de l'embouchure de la rivière [1],
troisième enfant de notre créateur,
a fait sa chacra dans l'eau, dans la rivière.
Il n'y a que de l'eau dans sa chacra !
J'y ai vu surgir le boa de la colère ardente [2],
c'est lui le boa qui souille notre nourriture.
Compagnons, il a tout mangé.

II. Chant miraña pour répartir la cahuana

La hache de l'Orient a été emportée [3]
vers l'Aigrette du commerce.
Vers l'Aigrette du commerce
s'en est allée la hache de l'Orient.
Beaucoup de temps passera
avant qu'Aigrette revienne chez nous,
là où nous sommes.

III. Chant miraña pour répartir la cahuana

Je suis le dernier, le tout dernier,
qui vous tend la calebasse de cahuana.

---

1. L'aigrette évoque métaphoriquement le commerçant blanc.
2. Le « boa de la colère ardente » est l'équivalent de l' « esprit des jaguars » : ces deux expressions évoquent métaphoriquement le maître de la hache, le Blanc qui réside à l'est.
3. L'Orient évoque l'embouchure du Caqueta.

Qui peut prédire l'avenir ?
Après que je serai parti
sur les chemins du commerce de vos frères,
plus personne ne boira avec vous.
Je suis le dernier, le tout dernier,
à boire avec vous la cahuana.

IV. Chant miraña de la fête tïri

Nous en allons là-bas
vers l'embouchure du Caqueta
dans le bateau des commerçants.
Voilà, c'est ainsi qu'il nous emporte
vers l'embouchure du Caqueta.
C'est comme je vous le dis !

V. Chant miraña de la fête tïri

Aujourd'hui, encore aujourd'hui,
c'est toujours du côté de l'est
que vient l'esprit des jaguars [4],
l'esprit qui nous dévore ;
alors tremblent les gens de nos tribus
car c'est ici, ici même,
que nous dévore l'esprit des jaguars.

VI. Chant miraña de la fête d'inauguration d'une nouvelle maloca (be?hà)

Voici qu'arrive
le jaguar de l'embouchure du Caqueta !

---

4. Le Blanc, le maître de la hache.

Jaguar venu de l'est,
jaguar qui nous déchire...
Ne dormez pas, vous autres !
Qui sait lequel d'entre nous
le rencontrera le premier ?
Ecoutez donc, vous autres !

Recueillis, présentés et traduits par Mireille Guyot

Chants de sang : Indiens Bora (Amazonie péruvienne)

> Jadis, les Boros étaient anthropophages, les morceaux de prédilection étaient les bras, les mollets. La tête cuite était placée au centre du lieu de danse et, après qu'on avait mangé la cervelle et la chair, on dansait. Les mains, ainsi que la plante des pieds, étaient très goûtées.
>
> Marquis de WAVRIN, 1948

Un acte social ordinaire — il s'agit ici de cannibalisme — qui ne se pratique plus pour diverses raisons (présence blanche, baisse démographique, etc.) est aujourd'hui raconté, et ainsi laissé pour compte, au représentant de ceux qui dans un passé récent ont contraint les Bora à renoncer à ce rituel « sauvage ».

Un mythe ne peut que faire partie de la quotidienneté, chaque parole, chaque geste étant en eux-mêmes des reviviscences de paroles ou gestes ancestraux, primordiaux.

Que dire alors lorsqu'on ne vit plus le mythe, bien que chaque moment de la vie en soit curieusement imprégné ? Et pourquoi dire ce qui se faisait et ne se fait apparemment plus, alors que tout dans la vie présente évoque le temps encore proche où les Bora se pénétraient de l'âme de leurs ennemis en mangeant leur corps ?

Il n'est qu'à écouter, le soir dans la maloca, le récit des anciens, pleins de coca, pleins de tabac, *assis au « centre du monde » pour entrevoir que rien, pas même un missionnaire, ne saurait les convaincre de l'immoralité d'une pratique si ancienne. C'est comme si les figures d'ennemis, aujourd'hui peintes sur les piliers centraux* a?pï akïne *de la maloca, perpétuaient une coutume désormais prohibée.*

... Autrefois, hier encore, lorsque nos ancêtres entendaient

ta ti ti ta ti ti ta ti ti

leur cœur s'effrayait. Alors ils criaient, ils se lamentaient : « C'est peut-être notre fils ? »

Aujourd'hui, le manguaré [1] répète ce que nos ancêtres ont dit, ce que nos ancêtres ont fait :

ta ti ti ta ti ti ta ti ti
attrapes-en un autre, attrape
ce frère faiseur de guerre
venu chez nous !

attrapes-en un autre, attrape-le !
ta ti ti ta ti ti ta ti ti

Ils partaient guetter les « autres gens », les ennemis, au jardin, ils épiaient doucement.

A l'improviste, ils attrapaient un homme ou une femme, promptement le découpaient sur place avec un bois tranchant : les bras, les jambes, la tête. Le tronc était abandonné, enterré, la tête plongée dans l'eau de la rivière, au port.

Dès qu'ils parvenaient à la maloca avec les membres amputés, ils annonçaient au manguaré

ta ti ti ta ti ti ta ti ti

et se mettaient à cuire la chair humaine.

Pendant la cuisson, des femmes confectionnaient de fines galettes de manioc. La viande aussitôt prête, les hommes piquaient les morceaux, les enrobaient de galette à l'aide de petits bâtons.

---

1. Tambour monoxyle de signal.

Ainsi mangeaient-ils cette viande sans la toucher de leurs doigts. Ceux qui avaient avalé la chair

čemi čemi čemi čemi

prononçaient le nom de l'ennemi qu'ils allaient dévorer.

Le soir même, c'était la fête : *tujmatsi,* chants de sang.

Les jeunes, les initiés, qui pour la première fois goûtaient cette viande, étaient envoyés au port en quête de la tête.

La tête, du fond de l'eau, indiquait lequel serait à son tour dévoré : si des bulles sortaient du nez en gargouillant

cuui cuui cuui cuui

comme si celui qui avait porté cette tête respirait encore, si, déposée à terre, la mâchoire claquait

calac calac calac calac

le jeune savait qu'il subirait un jour le même sort.

Les initiés partageaient équitablement le devoir d'acheminer la tête, du port à la maloca, chacun payait sa part.

Une femme, désignée entre toutes, avait ce jour-là préparé une lanière de portage décorée avec soin de nombreux dessins.

Elle se tenait prête à la porte de la maloca pour recevoir la tête des mains de l'initié.

Elle emportait la tête, telle une femme portant son enfant, au centre de la maloca.

Elle dansait toute la nuit, berçant la tête :

idjai hia hihia djanai hihia
ïhïhï djahijkja ïhïhï...

notre fils s'en est allé
il est mort le maître du commerce [2]
il l'a mangé ïhï ïhï ïhï

prenez garde vous autres
que va-t-il vous arriver ?
il a dit

2. Allusion à un commerçant blanc ou à un Indien jouant le rôle d'intermédiaire entre les Blancs et les Bora.

ïhïhïhï... djaiikja idjana ïhïhï...

Les hommes adressaient des chants d'insulte et des chants de honte à leurs ennemis.

Ils chantaient ces chants de sang pour ceux-là dont ils avaient consommé la chair.

Nul n'avait de répit, la nuit se passait debout à danser.

Seule cette fête pouvait faire d'un homme un valeureux.

A l'aube, la peau était retirée de la tête, tendue sur un panier de la forme même du crâne. La cervelle était offerte au chamane.

La tête était décorée, minutieusement peinte, comme le corps est maquillé pour une fête, et accrochée au-dessus du manguaré.

Ainsi luttaient-ils entre ennemis. De même que le poisson est toujours mangé par son pêcheur, les anciens se mangeaient entre eux.

Ce qui inquiétait celui qui naissait Bora,
un instant d'inattention,
et il se faisait attraper.

Plus tard arrivèrent les Blancs.

Au début, par peur, les Bora leur obéirent.

Ceux qui savaient, les anciens, sont morts. Pour cela, aujourd'hui, le bal n'a plus lieu.

Et lorsque le manguaré répète

ta ti ti ta ti ti ta ti ti

tous savent que la fête-du-monde-à-l'envers[3] n'est plus pareille.

Recueillis, présentés et traduits par Jean-Patrick Razon

3. *Po?poe àmeka mátsi, « baile de pelea de voltea »* : fête de guerre du monde à l'envers, qui précède la célébration de la fête de poutre de danse, symbolisant le temps du déluge et l'une des fins du monde.

Récits yanomami (Amazonie vénézuélienne)

I

Nos ancêtres ignoraient l'existence du feu. Ils mangeaient crues leurs chenilles. Caïman était alors le maître du feu qu'il dissimulait dans sa bouche pour ne pas avoir à le partager avec les autres. La nuit, il s'éloignait en compagnie de sa femme, une petite grenouille courtaude, pour cuisiner en cachette.

Un jour, la fille Perdrix marchait dans la forêt. Elle se baissa tout à coup pour observer des fragments de feuilles calcinées entre lesquelles elle finit par découvrir une chenille cuite. Elle pensa : « Ces deux-là mangent leurs aliments cuits. »

Cette nuit-là, Caïman et sa femme s'éloignèrent comme à l'accoutumée. Lorsqu'ils revinrent le jour suivant, il était déjà tard et le soleil était haut dans le ciel. Ils se réunirent tous autour du couple de manière à ce qu'il soit au centre du groupe qu'ils formaient. Leur manège mit Caïman de mauvaise humeur ; il avait dans la main une feuille enroulée en cornet dans laquelle il avait placé ses chenilles, en haut les crues qu'il pensait offrir aux autres, en bas les cuites qu'il se réservait.

Ils s'amusèrent. Colibri-Noir fit claquer la corde de son arc imité par des parents, ils faisaient les pitres et tout le monde riait. Sauf Caïman qui gardait son sérieux et feignait ne pas voir le spectacle. Quand ce fut le tour de Colibri-Rouge, il attendit que Caïman le regarde, alors il envoya un jet d'excréments fluides dans le visage des spectateurs. Caïman ne put réprimer un éclat de rire qui projeta le feu au sol. C'est ce qu'ils attendaient. L'oiseau-bobo se précipita pour le ramasser, mais il n'arrivait pas à élever son vol et la femme-grenouille menaçait d'éteindre le feu sous un flot d'urine. L'oiseau-conoto prit le relais, il vola haut et déposa la braise ardente sur un cacaoyer.

Furieux, Caïman leur lança cette malédiction :

— Vous vous êtes emparés du feu, c'est le feu qui vous dévorera au moment de votre mort. Vous cesserez d'être éternels. Quant à moi, je resterai immortel près des sources.

Il disparut avec sa femme.

Elle venait d'avoir ses premières règles. On l'avait juste sortie de l'isoloir où elle était restée enfermée pendant plus d'une semaine. Sur sa poitrine, sa mère croisa des fils de coton neuf. Les fils enserrèrent si fort le cou de l'adolescente qu'ils lui coupèrent la tête.

La tête tomba et roula vers son mari, elle le regardait en riant. La tête roula encore sur elle-même, approcha le plus près possible de lui, le fixa dans les yeux et éclata d'un rire strident. Il se fâcha et lança la tête aussi loin qu'il put.

« Elle me regarde et rit comme si elle était encore sur ses épaules », pensait l'homme.

Mais la tête était revenue près de lui, de nouveau un rire interminable sortit de sa bouche. Elle se frottait contre son pied. Exaspéré, il la jeta dans l'eau. La tête se tut.

II

Autrefois, il n'y avait que deux hommes. Les femmes n'existaient pas. Ces deux hommes étaient des conotos, et l'un d'eux devait être enceint pour la première fois. Ils n'avaient pas pensé à l'endroit d'où sortent les excréments, ils ne croyaient pas qu'on aurait pu faire ça là.

Un jour, l'un d'eux déclara :

— Je voudrais faire l'amour.

C'est ce qu'il fit en plaçant son pénis dans le creux de l'orteil de son compagnon. Bientôt, le mollet de celui-ci commença à enfler, le muscle finit par éclater pour donner naissance à un bébé. Celui qui avait copulé dans le creux de l'orteil demanda :

— C'est un garçon ?

— Non, c'est une fille.

Ils sectionnèrent le cordon ombilical et l'homme qui avait donné naissance à l'enfant le coucha près de lui. Il le nourrit d'eau claire. Sans tarder, la fille arriva au moment de la puberté : tout croissait si vite en ce temps-là. Alors celui qui lui avait donné vie la prit pour épouse, et c'est comme ça que les Yanomami se multiplièrent.

III

L'esprit-toucan s'était servi d'un aphrodisiaque pour séduire une humaine. Depuis longtemps, la mère avait remarqué la tristesse de sa fille. Elle lui demanda :

— Ma fille, qui aimes-tu ?

— Ma mère, beau et adorné comme il est, ce n'est pas un homme. Et je l'aime.

Elle se maria avec lui et le suivit dans son village. Restée seule, la mère était minée par le chagrin. Inconsolable, elle pleurait tard dans la nuit. Ses larmes émurent le père du mari-toucan qui dit à la jeune femme :

— N'entends-tu pas les pleurs de ta mère ? Va la chercher.

Elle partit seule. Elle était magnifiquement parée ; les peintures, les parfums, les fleurs, les plumes provenaient du pays des esprits. Dans le lobe percé de ses oreilles, elle avait deux bâtonnets couleur de sang. Elle arriva au petit matin. Aussitôt, la mère s'apprêta. La hotte de sa fille était ornée de franges rouges, elle contenait des patates douces qu'elles mangeaient en bavardant.

Les autres voulurent les accompagner, mais ils ne possédaient ni les flûtes magiques des esprits des roches ni leurs merveilleuses parures. La mère et la fille les précédaient. Ils escaladèrent le rocher abrupt où vivaient les esprits-toucans. La mère eut le vertige, sa fille la rassura :

— Mère, n'aie pas peur, grâce aux flûtes nous trouverons le chemin.

Les autres s'égarèrent.

Les trois textes présentés ici ont été recueillis par Jacques Lizot, qui vit chez les Yanomami. Celui-ci s'est totalement identifié avec ces groupes indiens ; professeur à l'Ecole des hautes études, il a renoncé à son poste pour retourner vivre auprès d'eux.

Guaira

Mbya, Pai-Tavyterã, Aché, Mak'a

Chaco

Mak'a

Des premiers adornés aux derniers survivants

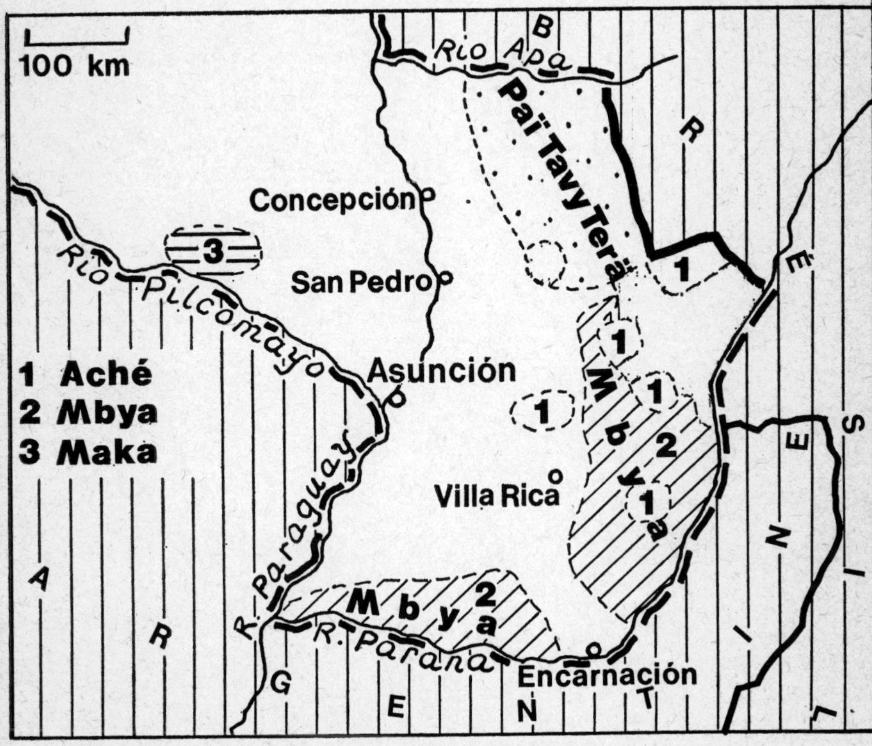
100 km
Rio Apa
B
R
Paï Tavy Terã
Concepción
San Pedro
Asunción
Villa Rica
Encarnación
Rio Pilcomayo
R. Paraguay
R. Paraná
1 Aché
2 Mbya
3 Maka
Mbya
E
S
N
I
L
A
R
G
E
N
T

*Les Guarani du Paraguay ont tôt connu la conquête ; ils ont été forcés d'accepter le métissage, qui allait de pair avec l'*encomienda. *Plus tard, ils ont subi les « bienfaits » du paternalisme dans les missions des Jésuites. Mais des groupes ont pu échapper à toutes ces formes de « réduction ». Tels les Mbya-Guarani de la région du Guaira qui ont conservé, avec leur liberté, la pureté et la force de leurs chants. A propos de ceux-ci, Pierre Clastres dit qu' « à la surprenante profondeur de leur discours [ils] imposent la forme d'un langage remarquable par sa richesse poétique ».*

C'est dans la terre humble et fière du silence que les Mbya, les « premiers adornés », ont conservé pendant quatre siècles leur resplendissante parole sacrée. Jusqu'à ce que Leôn Cadogan, devenu un des leurs, nous la révèle. Alors il a été possible d'admirer ces chants qui, comme un cœur qu'on vient d'arracher, palpitent encore de la grande vie collective d'où ils surgirent. Et ils resteront parmi les plus beaux textes de la littérature amérindienne.

Jacqueline Baldran
Ruben Bareiro-Saguier

Les Mbya

Jumeaux

On raconte que Ñanderuvusu fut laissé. L'épouse de Nanderuvusu s'en fut à la source. Et l'enfant qu'elle avait dans le ventre demanda une fleur semblable à l'andai. Là se trouvait une mamanga, dans le creux de la fleur de l'andai. Et quand la mère cueillit la fleur, la guêpe la piqua à la main. Pour cela, la mère dit : « A cause de toi elle m'a piquée, comme si tu étais déjà dehors, voyant les choses. » Pour cela, l'enfant se fâcha.

Quand ils revinrent, Ñanderuvusu n'était plus là. Elle demanda à l'enfant : « Où est allé ton père ? » A la première question, il ne répondit pas. Il répondit après deux interrogations : « Par là il est parti. » Mais il indiqua un chemin qui allait d'un autre côté. Il ne raconta pas quelle direction son père avait prise. L'enfant était fâché. La mère se trompa de chemin et arriva ailleurs. Il y avait un sentier à peine tracé : c'est par ce chemin qu'était parti le père de l'enfant. Alors elle interrogea à nouveau : « Où est allé ton père ? », et ils continuèrent. A la première question, il ne répondit pas. A la seconde, il répondit : « Par là il est parti », et il lui indiqua le chemin de la grand-mère des premiers jaguars. Ils s'en allèrent par là. Ils marchèrent assez longtemps et virent une mince fumée qui s'élevait, et ils arrivèrent là. La grand-mère des jaguars lui dit : « Viens ici, je vais t'enfermer ici. » Et elle la recouvrit d'une grande marmite. « J'ai beaucoup de petits-enfants », dit à la femme la grand-mère des jaguars. Elle s'en vint la couvrir avec la grande marmite. Elle la couvrit, et dans l'après-midi vinrent les jaguars. « Mes petits-enfants », les appelait-elle.

D'abord arriva un petit mbarakaja : « Oh, grand-mère, cet après-midi exhale une odeur de viande. » Il avait déjà senti ce qui se trouvait là. Alors les autres arrivèrent et pleurèrent. Le jaguar aussi arriva. Tous ceux qui arrivaient disaient cela : « Grand-mère, cet après-midi exhale une odeur de viande. » Ensuite arrivèrent les jaguars. Ils ne voulurent rien savoir : ils bousculèrent la marmite et la renversèrent. Alors ils se partagèrent la femme et la mangèrent.

Les enfants qui se trouvaient dans le ventre de la mère, ils les jetèrent à leur grand-mère pour qu'elle les mange. Comme la grand-mère n'avait pas de dents, elle voulut les piler. Elle voulut les piler, mais elle n'y parvint pas car ils s'échappèrent en glissant. Ils sortirent du mortier, alors elle les jeta dans le feu ; ils éteignirent le feu. Comme elle ne parvenait pas à les manger, elle dit : « Je vais les faire sécher au soleil, ils seront mes animaux domestiques. » Et elle mit au soleil les deux enfants.

Alors Kuarahy, quand il fut sec, se leva et apporta un morceau de bois. Il dit à Charyi : « Fais-moi un arc. » Elle répondit : « Moi, je ne sais pas le faire. Apporte-le à mes petits-enfants pour qu'ils te le fabriquent. » Il le leur donna et ils lui fabriquèrent le guarapepo. Ils lui firent son arc.

Alors ils tuèrent les papillons qui se posaient sur le sang de leur mère. Avec les flèches, ils les tuèrent. Ils les tuèrent et jouèrent avec. Et lorsqu'il eut déjà un peu de perspicacité, l'aîné des jumeaux — tous deux des garçons —, Kuarahyrä, destiné à être le soleil, se mit à réfléchir à la manière dont ils allaient tuer ceux qui avaient détruit leur mère. Et ils s'en allèrent par le chemin des jaguars.

D'un épi de maïs égrené, ils armèrent un piège, un *monde*. Après qu'ils l'eurent armé, vint un jaguar :

— En vue de quoi avez-vous disposé le piège ?

— C'est pour tuer des rats que nous l'avons disposé.

— Dans un piège de ce genre, il ne tombe rien.

— Alors essaie-le, dirent les jumeaux.

Le jaguar entra dans le piège. Il entra et tout de suite il fut décapité. Ils creusèrent un trou profond et jetèrent là le cadavre du jaguar. Ils avaient l'intention de tous les détruire, de détruire tous ceux qui avaient tué leur mère. Après qu'ils eurent tué le premier, un autre vint. Lui aussi demanda : « Que faites-vous là ? » C'est d'un épi de maïs seulement qu'ils avaient fait leur piège. Ils l'armèrent à nouveau.

— Pourquoi armes-tu le piège ?

— Pour chasser des rats.

— Dans ce genre de piège, ils ne tomberont pas.

— Essaie-le, en ce cas.

Et, à peine entré dans le piège, il fut décapité. De cette manière, ils en tuèrent beaucoup. A la fin apparut un jaguar énorme et les enfants étaient faibles. Ils auraient voulu le jeter dans le piège, mais ils n'étaient pas assez forts. Il les aperçut tant bien que mal et il fit demi-tour. Alors ils désarmèrent le piège et ils revinrent. Ils revinrent et racontèrent à leur grand-mère ce qu'ils avaient vu.

Il y avait en contrebas de la maison une petite étendue de forêt. Charyi dit aux enfants : « N'allez pas là-bas, il y a des mamanga, elles vont vous piquer. » Les enfants ne voulaient rien savoir. Ils s'en allèrent et rencontrèrent un parakau. Celui-ci leur parla et eux le regardèrent. D'en haut, il leur parla et dit aux enfants : « Pourquoi fournissez-vous les produits de la chasse à ceux qui ont détruit votre mère ? » Alors les enfants pleurèrent et se lamentèrent. Puis ils s'en retournèrent et la grand-mère des jaguars leur dit : « Pourquoi êtes-vous allés là-bas ? Je vous avais dit que les mamanga vous piqueraient. » On voyait à leurs yeux qu'ils avaient pleuré ; ils avaient les yeux enflés. C'est ainsi que les enfants apprirent comment leur mère avait été détruite.

Tous deux s'en furent par la forêt. Kuarahyrä fit l'eau. Il fit des fruits pour détruire ceux qui avaient tué leur mère. Il fit le guavira pytä. Cela, c'est l'œuvre de Kuarahy. Et il apporta les fruits mûrs.

Il y avait une femelle jaguar enceinte. Elle avait très envie de manger des choses douces. Les jumeaux lui apportèrent deux fruits. Ils placèrent, plus ou moins bien, un pont *(yasa)*. Ils désiraient beaucoup que les jaguars aillent goûter les fruits mûrs du guavira pytä. Les jaguars n'avaient pas encore vu tout cela, les travaux de Soleil, le guavira. Alors les jaguars emportèrent les fruits. Il dit à son cadet : « On va les attirer ici et les tuer. » Il y avait beaucoup de jaguars et ils les entraînèrent tous à leur suite. Ils placèrent le pont, plus ou moins bien, et il dit à son cadet : « Tu vas aller en avant et nous nous placerons tous deux aux extrémités du pont. » Quand ils furent arrivés à l'eau, là où coulait la rivière, il dit à Tyvyra : « Toi, traverse de l'autre côté, nous allons le soutenir à nous deux. » Tous les jaguars descendirent. Mais Tyvyra était têtu et il marcha sur l'extrémité du pont pour l'enfoncer ; il le retourna. Tous les jaguars tombèrent à l'eau, sauf la femelle qui atteignit le bord de la rive. Alors Soleil dit à la femelle : « Transforme-toi en un être qui rendra inhabitables les véritables cours d'eau. » Et la femelle atteignit la rive. Ensuite, elle eut un fils mâle, un seul, à partir duquel les jaguars se multiplièrent en ce monde. Les jaguars n'étaient pas destinés à exister.

Pour cela, Soleil se fâcha contre Tyvyra. Il fit s'étendre la rivière et Tyvyra resta de l'autre côté. Soleil resta de son côté et tous deux s'en furent, chacun sur une rive. Tyvyra ne savait pas comment traverser pour rejoindre Tyke'yra. Soleil fit pour lui, en face, des guavira, il lui fit des fruits de toutes sortes, en face de lui. Il lui fit un aguai et Tyvyra trouva les fruits déjà mûrs. Il lui demanda :

— Ke'y, qu'est-ce que c'est que cela ?

— Comment est-ce ?

— Les fruits sont assez longs.

— Mange-les, et les pépins jette-les dans le feu ; et quand ils commenceront à crépiter, attise-les avec l'arc.

Il les rôtit, les mangea et jeta les pépins dans le feu. Quand ils commencèrent à éclater un à un, il les toucha avec son arc ; et alors il sauta de l'autre côté pour rejoindre son frère. Ils s'en furent par la forêt. Il dit à son cadet : « Allons voir la forêt ; on va voir ce qu'il y a. » Ils voulaient savoir ce qu'il y avait dans la forêt. Ils s'en furent et firent l'arbre ygary. Ils montèrent dans les branches du cèdre. D'en haut, l'aîné cria pour voir ce qu'il y avait dans le monde, pour savoir. Il cria trois fois, et alors on lui répondit. Alors il cria une autre fois.

De cette manière venait s'approchant Añä. On raconte qu'il vivait déjà dans la forêt. C'était déjà Añä, pas le futur Añä. Quand il fut arrivé, il dit : « A propos de quoi cries-tu, petit frère *(chyvy'i)* ? » Avec les capsules du cèdre, il fit le coati. Añä était déjà arrivé. Il dit :

— Pourquoi cries-tu, petit frère ?

— Je crie seulement à propos des coatis.

Il dit au cadet : « Jette-les ! » Il arrachait les capsules du cèdre et les jetait, et celles qu'il jetait couraient. Añä ne laissa s'échapper aucun coati. Il avait un grand panier, Añä. Quand il n'y eut plus de capsules, ils descendirent. Future Lune descendit la tête en bas, et tandis qu'il descendait, Añä crut que c'était un coati. Il le frappa et le tua. Il le tua et Tyke'yra le vit. Il chargea les coatis dans son grand panier. Il était grand le panier. Il le chargea et l'emporta. Il s'en fut dans la forêt assez loin. Il déposa son panier pour faire un chemin. Pendant qu'il avait abandonné le panier, Tyke'yra vint et sortit son cadet. Il ressuscita son cadet et mit une pierre à l'intérieur du panier. Cela aussi, c'est Kuarahyrä qui l'a fait. Añä revint pour jeter un coup d'œil, pour voir où il était allé. Tout en vérifiant, il emportait son panier et faisait un chemin. Il allait assez loin, puis revenait pour emporter son panier *(mbayru)*. Il revenait et allait découvrir Soleil et Lune près de son panier. Au moment où ils allaient être découverts, avec un arbre pourri ils firent un chevreuil, d'un tronc sec. Le chevreuil courut au-devant d'Añä pour qu'eux puissent bien se cacher. Añä le poursuivit et le tua. Il le mit dans son panier. Il l'emporta et arriva à sa maison. C'était déjà Añä ; il mangeait déjà ce qu'il trouvait dans la forêt.

Ses nombreuses filles l'épiaient. Soleil et Lune épiaient aussi, et quand Añä s'en fut dans la forêt, eux s'en furent près des filles. Et cela, ils le firent originairement, pour que les hommes se comportent ainsi, lascivement. Pour que nous autres soyons maintenant lascifs, eux firent cela. Ils arrivèrent près des filles. Avant que revînt Añä, Soleil avait déjà copulé réellement avec une fille. Et le cadet copula en se servant d'un bâton et il tua la fille d'Añä. Ils les tuèrent toutes. Añä revint ; il fit un mbocaya ; ça, c'est une œuvre d'Añä. Il voulait faire un pindo, mais il avait des épines. Ils montèrent sur le mbocaya pour voir ce que ferait Añä quand il reviendrait de la chasse. Añä vint dans l'après-midi. Il vit qu'ils avaient tué toutes ses filles.

Alors il appela les oiseaux, tous les oiseaux qui étaient d'anciens chamanes. Il fit appeler tous les oiseaux qu'il y a dans le monde. Pas un ne savait où était le meurtrier. Dans la forêt, il y avait l'oiseau suruva. Celui-là savait où se trouvaient les meurtriers. Au-dessus de la maison était le mbocaya : ils étaient montés là. C'était jadis un sorcier ; lui savait. En sortant, il dit où ils se trouvaient : « Ils sont en haut, les meurtriers de tes filles. » Alors Añä fit attention et vit qu'ils étaient dans le mbocaya. Il était avec son cadet, l'un à côté de l'autre. Il apporta une hache : c'était une hache qui appartenait à Añä. Il l'apporta et se mit à abattre l'arbre. La hache tomba en morceaux. Il apporta du feu et mit le feu à l'arbre. Il s'éteignit. Alors il monta. Il allait les atteindre quand de l'anus de Soleil sortit une abeille *(karavosa)*. Añä redescendit. Tout ça, c'est l'œuvre de Kuarahy.

Alors Soleil descendit, pendant qu'Añä s'en allait à la source. Ils s'en allèrent. Ils suivirent le chemin d'Añä. Ils trouvèrent des pièges et d'autres choses. Avec ces choses, ils jouèrent car ils étaient têtus. Et ils firent semblant de tomber dans le piège. Juste au moment de se mettre dans le piège, Soleil en rompit le nœud. Alors Añä mit du fil de fer. Dans ce piège aussi se jeta Soleil. Añä allait arriver ; Soleil se débattit pour sortir du piège, il ne put le briser. Añä arriva, décidé à le tuer. Soleil dit à Añä : « Je vais te donner mon rapaju (arc éternel). » Il ne le voulut pas. « Je vais te donner ma flèche éternelle. » Il ne la voulut pas : il était décidé à le tuer. Alors il lui dit : « Je vais te donner ma sœur éternelle. » Et Añä le sortit du piège. Soleil s'en alla et fit un panier. Du panier, il fit une femme. La femme est un ancien panier. Alors Añä se rendit à la maison de Soleil. Il trouva la femme en train de piler du maïs. Il arriva et on la lui remit : Soleil remit sa sœur. Añä avait coutume de se laver. Soleil lui dit : « Ne l'emmène pas trop à l'eau. » Añä était très content et, ce même après-midi, il l'emmena avec lui pour se baigner. La femme se jeta à l'eau et ne ressortit plus. En aval sortit à la surface de l'eau un panier seulement. Añä rentra en pleurant, regardant l'eau. Dans l'eau se voit notre reflet : il essayait d'attraper son reflet. La femme avait déjà disparu dans l'eau. Alors il revint pour demander à Soleil sa sœur. « Je t'ai donné mon unique sœur, je n'en ai plus. » Añä s'en fut.

Alors, pour qu'il y ait lune décroissante *(jasy opa),* Añä s'en alla pêcher. Il avait un hameçon. Ils désiraient beaucoup l'hameçon. Il était beau l'hameçon d'Añä. Ils descendirent le long de l'eau, ôtèrent leurs vêtements et enlevèrent l'hameçon du fil. Añä voulut le retenir mais Soleil le lui prit. Le cadet dit :

— J'en ai très envie moi aussi.

— Je vais t'en prendre un.

Mais le cadet voulait le prendre lui-même. L'aîné lui dit : « Ne le déplace pas n'importe comment, ne le touche pas mal. » Alors le cadet plongea et toucha plusieurs fois, légèrement, l'hameçon ; il le prit avec la bouche. Añä tira l'hameçon à l'air et en même temps Jasyrä. L'aîné voyait cela. Añä le sortit et le tua. Il s'en alla tout de suite, Añä. Il arriva à sa maison.

Au bout d'un moment s'en alla aussi l'aîné. Il trouva son cadet déjà en train de bouillir, Añä allait le manger. Il arriva et dit : « Tu vas manger du pira mbaipy ? » De lui il avait fait de la bouillie. « Je vais certainement en manger », dit Soleil. Alors les Añä mangèrent. Soleil leur dit : « Ne mordez pas les os, et offrez-moi aussi un peu de bouillie. » Añä lui demanda ce qu'il allait en faire. « Je vais faire une flèche miraculeuse pour moi. » Añä en voulait une aussi : il lui sortit un peu de bouillie. C'est pour cela que notre cerveau, pour avoir été de la bouillie, ressent la douleur. On raconte que de la bouillie il fit notre cerveau ; parce qu'il a été cuit, on a mal à la tête.

Soleil l'emporta et en fit le cerveau de son frère. A nouveau ils furent deux, mais ce n'était pas son véritable frère, parce qu'Añä l'avait déjà tué et mangé.

C'est pour cela qu'il y a lune décroissante, de même que le soleil était destiné à ne pas décroître.

Recueilli par Pierre Clastres
Traduit par celui-ci et Leôn Cadogan

Kotyu [1]

Quand tombe la nuit — la nuit,
chante l'oiseau.
Quand tombe la nuit — la nuit.

Mon collier, collier,
tu l'as pris, toi l'oiseau.
Mon collier, tu l'as pris, toi l'oiseau.
Mon collier, tu l'as pris,
tu l'as pris, toi l'oiseau.

Allons au hasard, dit l'oiseau,
pendant que tombe la nuit.
Tombe la nuit — la nuit, dit l'oiseau.
Allons au hasard — hasard,
dit l'oiseau.

Recueillis et traduits en espagnol par León Cadogan
Traduits en français par Jacqueline Baldran

As-tu quelque chose à nous communiquer, colibri ?
Colibri lance éclairs !
Est-ce le nectar de tes fleurs qui t'a fait mal au cœur, colibri ?
Colibri lance éclairs, lance éclairs !

---

1. Petits poèmes d'amour ou simplement descriptifs, propres à la poésie guarani.

Si le nectar de tes fleurs
t'a fait mal au cœur, colibri,
la jeune fille te fera
bien plus de mal au cœur encore !

Recueillis par Leôn Cadogan
Traduits de l'espagnol par Pierre Lartigue

Les Paĩ Tavyterã

Notre Grand Père, le grand premier né

Toutes choses encore au néant,
était mon Grand Père, le grand premier né.
Avant même que fût placé le centre de la terre,
était mon Grand Père, le grand premier né.
Avant même que la terre fût encore étendue,
était mon Grand Père, le grand premier né.
Avant même que la terre fût couverte de toison,
était mon Grand Père, le grand premier né.
Avant même que les âmes fussent nombreuses au paradis,
était mon Grand Père, le grand premier né.
Etait mon Grand Père, le grand premier né.
« Je n'ai pas encore fait que la terre s'étende »,
dit mon Grand Père, le grand premier né.
« Je n'ai pas encore fait que la terre brillante s'étende »,
dit mon Grand Père, le grand premier né.
« Je n'ai pas encore fait que la terre ardente s'étende »,
dit mon Grand Père, le grand premier né.
« Je n'ai pas encore fait que, par la grâce du jasuká [1], la terre s'étende »,
dit mon Grand Père, le grand premier né.

1. Jasuká, mba'ekuaá, jeguaká, ñanduá, kurusú : dieux civilisateurs devenus, par acculturation, des instruments du culte.

« Je n'ai pas encore fait que, par la grâce du jasukâ brillant,
la terre s'étende »,
dit mon Grand Père, le grand premier né.
« Je n'ai pas encore fait que, par la grâce du jasuká ardent,
la terre s'étende »,
dit mon Grand Père, le grand premier né...

« Et à présent j'ai dessiné la terre »,
dit mon Grand Père, le grand premier né.
« Par la grâce du jasuká, j'ai dessiné la terre »,
dit mon Grand Père, le grand premier né.
« Par la grâce du jasuká ardent, j'ai dessiné la terre »,
dit mon Grand Père, le grand premier né.
« Par la grâce du jasuká brillant, j'ai dessiné la terre »,
dit mon Grand Père, le grand premier né.
« J'ai dessiné les cieux »,
dit mon Grand Père, le grand premier né.
« Par la grâce du jasuká, j'ai dessiné les cieux »,
dit mon Grand Père, le grand premier né...

Etait mon Grand Père, le grand absolu.
« Mais cette terre, en vérité, ressemble à la broche d'un fuseau »,
dit mon Grand Père, le grand absolu.
« Cette terre encore n'est pas grosse »,
dit mon Grand Père, le grand premier né.
« Elle n'est pas grosse encore, cette terre où je pose les pieds »,
dit mon Grand Père, le grand absolu.
« Elle n'est pas grosse encore, cette terre brillante où reposent
mes pieds »,
dit mon Grand Père, le grand absolu.
« Cette terre encore, je ne lui ai pas donné forme »,
dit mon Grand Père, le grand absolu.
Ces choses accomplies, mon Grand Père, le grand absolu, dit :
« Cette terre aura bientôt forme »,
dit mon Grand Père, le grand absolu, et en vérité il le dit.
« Par la grâce du jasuká, cette terre aura bientôt forme »,
dit mon Grand Père, le grand absolu...

« J'ai fait que la terre s'étende »,

dit mon Grand Père, le grand premier né.
« Par la grâce du jasuká,
j'ai fait que la terre s'étende ;
par la grâce du mba'ekuaá,
j'ai fait que la terre s'étende ;
par la grâce du jeguaká,
j'ai fait que la terre s'étende ;
par la grâce du jeguaká brillant,
j'ai fait que la terre s'étende ;
par les flammes du jeguaká,
j'ai fait que la terre s'étende ;
par la grâce du ñanduá,
j'ai fait que la terre s'étende ;
par la grâce du ñanduá brillant,
j'ai fait que la terre s'étende ;
par les flammes du ñanduá,
j'ai fait que la terre s'étende ;
par le tonnerre du ñanduá,
j'ai fait que la terre s'étende ;
par la grâce du kurusú,
j'ai fait que la terre s'étende ;
par la grâce du kurusû brillant,
j'ai fait que la terre s'étende ;
par les flammes du kurusû,
j'ai fait que la terre s'étende ;
par le tonnerre du kurusú,
j'ai fait que la terre s'étende »,
dit mon Grand Père, le grand premier né.

« Et voici que nous foulons cette terre,
et voici que nous foulons cette terre brillante,
et voici que nous foulons cette terre ardente,
et voici que nous foulons cette terre tonnante,
et voici que nous foulons cette terre parfumée,
et voici que nous foulons cette terre brillante parfumée,
et voici que nous foulons cette terre ardente parfumée,
et voici que nous foulons cette terre véritablement parfumée,
et voici que nous foulons cette terre faiblement éclairée par la lumière éternelle,

et voici que nous foulons la terre véritablement éclairée par la faible lumière éternelle »,
dit mon Grand Père, le grand premier né...

A sa future demeure pensait mon Grand Père,
le grand premier né ;
d'une faible lumière éternelle, il illuminait sa future demeure,
mon Grand Père, le grand premier né ;
de sa future demeure, il s'approchait bien vivement,
mon Grand Père, le grand premier né ;
déjà il éclairait sa future demeure,
mon Grand Père, le grand premier né ;
déjà il éclairait pleinement sa future demeure,
mon Grand Père, le grand premier né ;
il cherchait un siège adorné pour s'y asseoir,
mon Grand Père, le grand premier né ;
il cherchait un petit siège brillant adorné
pour s'y asseoir,
il cherchait un petit siège ardent adorné
pour s'y asseoir,
il cherchait un petit siège tonnant adorné
pour s'y asseoir ;
pour s'y asseoir avec sa loi,
pour s'y asseoir avec sa lumière,
pour s'y asseoir avec ses flammes,
pour s'y asseoir avec ses tonnerres,
pour s'y asseoir avec sa parole,
pour s'y asseoir avec sa parole brillante,
pour s'y asseoir avec sa parole ardente,
pour s'y asseoir avec sa parole tonnante.

Chant rituel recueilli chez les Paĩ-Tavyterã, groupe plus acculturé, par Marcial Samaniego, publié en espagnol par León Cadogan

Traduit par Jacqueline Baldran

Les Aché

Parmi les Indiens du Paraguay, les Aché ont été les derniers à être réduits. Après une longue « chasse au sauvage », ces seigneurs de la forêt, qui sillonnaient les libres prairies du Guaira, ont été obligés de devenir esclaves, choses, lambeaux d'humanité dans les réserves. La liberté de leur espace se rétrécissait de plus en plus sous l'effet de la propriété privée et de la pression de l'armée paraguayenne, gardienne des droits... des « éternels Blancs ». Victimes de la persécution féroce, de l'extermination implacable ou de l'ignoble asservissement, ils chantent. Comme le palissandre qui embaume l'air quand la hache le blesse à mort, l'Indien Aché exhale sa parole qui jaillit des lèvres déchirées de sa propre blessure. C'est le « peuple qui chante sa mort ».

Mais autrefois, quand ils étaient encore, « jadis, des Aché vivants », ils savaient raconter l'origine de l'humanité ou le déluge.

Ces deux moments, la plénitude et la déchéance, sont présents dans les chants aché qui suivent.

Jacqueline BALDRAN
Ruben BAREIRO-SAGUIER

Mythe du déluge universel

Quand l'eau rouge,
l'eau rouge et grosse se mit à monter,
alors, elle emporta d'innombrables Aché.
L'eau rouge,
La grande eau rouge emportait beaucoup d'Aché.
Un homme et sa femme grimpèrent au sommet d'un palmier,
au sommet d'un vieux palmier ils grimpèrent.
Voyant, de là-haut, que l'eau ne disparaissait pas,
ils se mirent à pleurer.
Et l'eau continuait à monter.
Le flot s'éleva tant qu'il abattit l'arbre
et que les deux Aché durent se hisser en haut d'un autre palmier,
vieux et solide.
Celui-là ne fut pas abattu.
Prenant des fruits du palmier, ils les jetèrent en bas : plouf !
L'eau n'avait pas encore disparu.
Plus tard, ils recommencèrent à jeter des fruits : poum !
Ils avaient heurté la pierre.
Alors ils purent redescendre.
L'eau avait emporté tous les Aché,
et ceux-ci étaient transformés en capivara.
C'est dans l'eau que demeurent,
transformés en capivara,
les âmes de ces Aché.

Recueilli et traduit par Pierre Clastres

Origine de l'humanité
récit de Jakugi

Les premiers Aché entrèrent dans les entrailles de la terre.
Ils regardèrent autour d'eux et s'enfoncèrent loin dans la forêt.
Les premiers Aché avaient la peau amère et les aisselles puantes.
Les premiers hommes n'avaient pas la lèvre percée.
Les premiers hommes n'avaient pas des armes, ils avaient des choses noires.

Les premiers ancêtres
version de Kybyragi

Les premiers ancêtres vivaient il y a fort longtemps.
Ils vivaient dans la profondeur de la terre.
Ils sortirent et s'en furent dans la forêt.
Ils marchèrent dans la forêt libre.
Sur la grosse terre, ils sortirent et s'en allèrent.
Les premiers hommes furent les premières ancêtres.
Les premiers ancêtres n'avaient pas le corps bronzé.
Les premiers ancêtres n'avaient pas d'arcs.
Ils avaient des épées de bois très noires.
Les premiers ancêtres avaient des aisselles très puantes et la peau très amère.

Mythe de Baiô
raconté par Jakugi

Baiô a mis la lune dans une grande marmite.
La lune était emprisonnée dans la marmite de Baiô.
Quand la marmite se fendit, la lune s'envola vers le ciel.

Au moment où cela se passa, l'obscurité régnait et il fit de la fumée de cire.

L'homme qui brisa la marmite le fit.

Les tapirs proviennent de la marmite de Baiô, ce sont les animaux domestiques de Baiô.

Avant que la marmite de Baiô ait été brisée, il y avait du soleil partout.

En ce temps-là, on dormait à la lumière du jour, l'obscurité n'existait pas.

Recueillis par León Cadogan
Traduits en français par Maxence de Colleville

Chant de Kanerigi

Nous qui étions jadis des Aché vivants,
nous n'irons plus jamais
entre les piliers de la forêt.
Notre grand patron,
celui qui s'est emparé de la coiffure d'un chef,
nous ne le quitterons plus jamais.

Maintenant, nous avons cessé à jamais
de faire des collectes entre les piliers de la forêt.
Maintenant, nous avons abandonné très loin et à jamais
celles qui furent nos mères — ces grands fourmiliers.

Maintenant, les grandes nattes ont disparu
de la vaste maison de notre Grand Père,
cette maison qui était aussi claire
que le soleil.

Maintenant, mes filles vivent
dans de grandes maisons blanches,
et jamais plus
nous n'échangerons le beau salut des larmes.

Nos filles vivent à présent
chez leurs maîtres,
et elles sont si soumises.

Maintenant, le grand patron,
notre grand patron,
possède un grand tas de maïs et une grande maison,
et c'est lui qui nous parle en maître.

Entre les piliers de la forêt
je ne vais déjà plus
faire la collecte :
nous accumulons le maïs pour le patron,
jamais plus
nous ne nous en irons.

Les Blancs

Les Blancs, ce qui les caractérise, ces éternels Blancs,
c'est leur manie de déporter,
de saisir les gens par les poignets :
les Blancs ont toujours vécu pour déporter.

Les gens comme nous, c'est eux que les Blancs ont déportés,
et depuis les déportations
engendrent toujours
de nouvelles déportations.

Les Blancs, ce qui les caractérise, ces éternels Blancs,
c'est leur manie de contrôler,
qui engendre
le mensonge.
Aux gens de notre peuple, les Blancs ont donné des « ordres »
après les avoir déportés, après les avoir placés sous contrôle,
et ceci a engendré
la fuite.

« Marche ! », disent les Blancs, c'est tout ce qu'ils savent dire,
les Blancs ont toujours déporté,
séparé,
les Blancs nous ont déportés.

Les gens de notre peuple — que sont-ils devenus ?
(C'est la question que nous posons aux Blancs.)
Ce qui devait être la réunion de tous les nôtres est en fait
une déportation.
Les Blancs nous ont séparés
par la déportation.

Les gens comme nous ont été déportés par les Blancs,
malgré la promesse qu'ils nous avaient faite
de nous rassembler tous pour que nous vivions ensemble,
ils nous ont séparés.

Les Blancs, ce qui les caractérise, ces éternels Blancs,
c'est de vivre maintenant en nous examinant,
nous les trop vieux,
les déjà morts.

Recueillis par Mark Münzel
Traduits en français par Christine Münzel

Chanson de Beipuradarégi

Nos grands parents, nos grands parents,
très loin nous les avons laissés
la tête inclinée sur les bras croisés.
Nos grands parents,
qui jadis étaient des ours fourmiliers,
très loin nous les avons laissés
la tête inclinée sur les bras croisés.
Les nôtres,
ceux de notre sang,
nous, déportés si loin,
nous les avons laissés
la tête inclinée sur les bras croisés.
Nos aïeules,
la grande terre les recouvre
la tête inclinée sur les bras croisés.
Ces jaguars de Blancs,
ils vont faire que les femmes seront grosses ;
ceux qui faisaient le chemin du Blanc,
ce sont des êtres magnifiques,
et voici que s'est éteint
le beau chant mâle
contre les jaguars et contre les Blancs.
Ces jaguars de Blancs,
ils vont faire que les femmes seront grosses ;
ce sont des êtres magnifiques,
ceux qui fuyaient le chemin du Blanc ;
nous avons fui très loin,
nous les avons laissés
la tête inclinée sur les bras croisés.
Ces jaguars de Blancs,
ils vont faire que les femmes seront grosses ;

ce sont des êtres magnifiques,
ceux qui fuyaient le chemin du Blanc ;
voilà les colonnes qui ne sont plus debout
et nous avons laissé les arbres très loin,
la tête inclinée sur les bras croisés.
Nos grands parents, nos grands parents,
nous les avons laissés très loin
la tête inclinée sur les bras croisés.
Les ancêtres des temps lointains,
ils étaient des colonnes,
épines dorsales magnifiques,
leur cri mâle s'est éteint.
Nos pères qui jadis étaient des ours fourmiliers,
nos pères
qui jadis étaient des ours fourmiliers,
leurs crânes
nous les avons laissés très loin
la tête inclinée sur les bras croisés.
Nos ancêtres, nos ancêtres,
nous les avons laissés très loin
la tête inclinée sur les bras croisés.
Nos aïeules très vieilles,
nous, déportés si loin,
nous les avons laissées
la tête inclinée sur les bras croisés.

Chanson de Xaxubutawaxûgi

Maintenant
je m'en vais au loin
disparaître
auprès de mes frères, sur la terre de mes frères.
Nos ennemis,
avec eux nous nous accorderons
— ô, qu'il est parfait ce foyer !
Les femmes blanches innocentes
avec qui nous pourrons coucher,
les voici déjà de beaux ours fourmiliers
— ô, quel foyer ce sera !
J'ai touché en d'autres temps
le flux puissant du sang
de ma protégée fille femme,
avec qui je ne dois pas coucher.
Mais mon corps maintenant ne peut le supporter.
Mon oncle maternel fut,
homme grand,
un magnifique ours fourmilier,
il s'est ouvert un chemin vers la lumière,
il emportera mon esprit
et moi je serai heureux, étalé sous la terre.
Celui-là qui n'était pas mon frère,
dans ses cheveux une grande clairière,
celui qui chantait avec des soupirs,
voilà bien longtemps qu'il est
un ours fourmilier.
Ma protégée, ma fille-femme,
son sang je l'ai léché
et mon corps fut tout effrayé
de ma protégée ;

elle a été toute léchée,
elle a été toute pleurée.
Mon unique oncle maternel,
je l'ai beaucoup pleuré,
ses chants de moquerie pour moi se sont arrêtés.
L'horrible oiseau amer
m'emportera
selon la coutume,
il balaiera ma tombe avec soin
et ses chants de moquerie me feront beaucoup de bien.
Comme nous, mais bien meilleurs,
les défunts avec leurs grandes faces de taureaux
restent droits, fiers,
et regardent les Aché.
Les Aché ont
un beau lendemain
car celles avec qui nous pouvons coucher
ont chanté il y a longtemps
chanté, chanté —
il y a bien longtemps.
De celui qui par haine
veut me blesser
j'ai déjà parlé,
moi ce beau corps,
endroit déjà mort pour les chansons de moquerie.
Celui qui n'a pu être mon protégé,
son pénis blanc innocent,
c'est un ours fourmilier qui n'a pu grandir,
sur sa tombe,
j'ai balayé pour sa pleine félicité.
Celle qui m'a porté dans ses bras quand je suis né,
cette femme qui n'est pas de notre groupe,
cette grande vieille femme fière
avec qui je ne pouvais coucher,
comme son chant s'est éteint,
comme s'est éteint son chant de moquerie !
De ma mère,
avec qui je ne peux coucher,
je sens le toucher caressant

qui me saluera.
Je n'ai pas encore saigné
de ce sang porté
par qui nous ressemble et qui est magnifique.
Mon fils unique, oui,
pareil à moi mais plus beau,
il a déjà beaucoup saigné,
mordu par la grande dent.
Nos ennemis qui portent encore le tembetá
guettent le grand cri rauque
et sont prêts à la fuite.
Celui-ci est mon seul oncle maternel,
ours familier debout,
il surveille mon compagnon
qui veut me blesser.
Mon protégé,
l'homme grand,
qui porta le tembetá
a cessé de me nourrir.
Et vous nos belles sœurs,
votre sexe généreux
a fait venir les jaguars,
vous échappiez à notre possession,
que tout cela est loin !
Ce bel homme
que j'avais pris,
c'est déjà du temps passé.
Moi-même
seul et sans personne au monde,
homme à la longue flèche rugissante,
voilà longtemps qu'on me hait.
Les femmes avec qui nous pouvons coucher,
elles étaient déjà très vieilles,
avec qui nous voulons fonder une maison,
voilà longtemps qu'elles se sont enfuies.
Mon oncle maternel,
homme grand,
s'est enfui avec nos flèches
il y a longtemps.

Moi qui suis vieux maintenant,
je fus très fort en d'autres temps.
Celle qui fut mon épouse,
cette chaleur de la femme grande et belle,
elle est morte ;
son corps est mort que nous aurions pu apporter
quand il avait sa beauté,
nous ne l'avons plus.
Celles qui sont
semblables aux Aché,
ces femmes nos belles sœurs
ne fuiront plus par le chemin,
elles se sont changées en ce grognement d'un autre temps.
Moi-même
seul et sans personne au monde,
j'ai déjà le bel aujourd'hui.

Recueillis par Marc Münzel
Traduits en français par Pierre Lartigue

Les Mak'a

On les trouve dans la colonie Fray Bartolomé de Las Casas, sur la rive droite du Paraguay. Le général Juan Belaieff leur avait fait donner un territoire en remerciement de services rendus lors du relevé topographique du Chaco. Il exerça sur eux une grande influence et les introduisit dans la vie moderne.

La colonisation rapide de Chaco leur a fait perdre leurs terres.

Décimée par l'alcool, par les maladies, la population mak'a compte aujourd'hui quatre cent quatre-vingt et une personnes.

Ciel

Ce sont les ténèbres sombres. Ce n'est pas le matin. Le retour est loin. Voici que l'aube vient, éclaire. Où la lune ? Elle sort, s'en va, elle va mourir la lune.

Deux lunes meurent. Lampe. Où le soleil ? Il est monté loin le soleil.

Et le matin. Heure, instant, hier. Fête, repos. Court moment. Il y a si peu, à l'instant. Aujourd'hui, après. Quand ?

Peinture

Spontanément je peins ton visage, tu le peindras à la mode indigène ? Je vais l'entourer de la meilleure perle. Je vais te donner des grains pour ton collier. Des plumes de grue royale. Je donnerai des plumes d'autruche, des bracelets de plumes, des tresses pour tes cheveux, je te les offrirai. Vrai ? Il y en a ? Tu me les offriras ? Je te les ai offertes. Le camion apporte les cadeaux. C'est un présent pour toi. Je te l'offre.

L'autruche-fantôme

Il y a longtemps dans le Chaco je poursuivais une autruche-fantôme à travers bois.
Elle avait de grandes ailes.
A peine ai-je décoché ma flèche, elle a couru, s'est échappée s'enfonçant dans la terre.

Je suis revenu.
Je suis très malade,
Beaucoup de sang court dans ma bouche.
Dangereuse est l'autruche-fantôme.
Puis j'ai maigri.
Je suis devenu très maigre, peu s'en faut que je meure.

Recueillis par Juan Belaïeff
Présentés et traduits par Pierre Lartigue

Index des groupes cités

I. Mexique et Méso-Amérique

Chatino. Etat de Oaxaca (Mexique), sur les contreforts de la Sierra Madre du Sud. Depuis plus de quatre cents ans, les Chatino luttent pour sauvegarder leur identité et ils y sont parvenus ; malgré les inévitables transformations dues au processus colonial, ils forment une nation qui refuse le monde culturel des Blancs et défend fermement son propre espace territorial, politique et culturel. Il existe aujourd'hui encore trente mille Chatino environ.

Chinanteca. Nord-est de l'Etat de Oaxaca (Mexique) ; l'ensemble des villages chinanteca relève de la juridiction d'Ojitlan. La Chinantla était une unité politique préhispanique comprenant la Chinantla Pichinche et la Chinantla Grande. Au début des années soixante-dix, le gouvernement proposa un vaste projet de développement régional nécessitant la construction d'un barrage important. Le lieu choisi pour construire un lac artificiel fut la terre fertile des Chinanteca d'Ojitlan ; dans cette région vivent environ vingt mille Indiens Chinanteca.

Macehuale. Etat de Quintana Roo (Mexique). Les Macehuale sont les descendants des Maya rebelles qui se soulevèrent dans la seconde moitié du XIXe siècle. Ils luttèrent plus de cinquante ans pour échapper à l'esclavage des plantations. Ils parvinrent à reconquérir une bonne partie des terres qui avaient appartenu à leurs ancêtres ; mais, traqués par l'armée, ils durent se réfugier au cœur de la forêt où ils résistèrent jusqu'en 1901, date à laquelle ils durent abandonner le plus important de leurs sanctuaires : Chan Santa Cruz.

Aujourd'hui traqués, exploités par les Blancs, ils gardent encore leur croyance en la permanence de l'ancien monde maya de leurs ancêtres. Ils ne se considèrent pas comme vaincus : ils sont les héritiers des Itza, apparemment anéantis par la conquête, mais les dieux n'ont pas permis leur totale destruction et les Itza continuent de vivre sous la terre ; leur présence se révèle parfois à leurs descendants, les Macehuale. Ils sont aujourd'hui environ six mille ou sept mille.

Tzeltal. Hautes terres du Chiapas (Mexique), groupe de langue maya. A l'époque coloniale, l'extension des groupes maya comprenait les Etats du Chiapas, de Tabasco, Campeche, Quintana Roo et Yucatan au Mexique, le Guatemala, Belize et la région de Copan au Honduras.

A première vue anciennement mais superficiellement acculturés à la vie coloniale puis nationale, les communautés tzeltal sont en fait plus complexes que l'apparence le laisserait prévoir. Leur histoire a été bouleversée avant la conquête espagnole, à l'époque de la « chute de la civilisation maya », puis la colonisation a amené la dislocation des structures socio-culturelles.

Leurs villages proviennent d'anciennes *reducciones,* mais les Tzeltal vivent souvent en habitat dispersé. Le bilinguisme existe à des degrés divers. Ces dernières années, l'introduction du café a brutalement atrophié les cultures vivrières des Tzeltal qui, appâtés par les prix de vente de cette denrée et méconnaissant les aléas du marché mondial, sacrifient parfois les champs de maïs qui constituent leur unique base de subsistance. Leur organisation sociale et politique reflète des mutations brusques plutôt qu'une lente évolution. On compte aujourd'hui quatre-vingt mille Tzeltal dans le seul Etat du Chiapas ; leurs proches voisins les Tzotzil sont environ cent vingt mille.

II. Région andine

Chachapoya (Quechua). Communautés indigènes du département d'Amazonas (Pérou). Hautes vallées des rivières Utcubamba et Imaza, tributaires du Marañon, dans les provinces de Luya et de Chachapoya. Au début du siècle, elles étaient entièrement quechuaphones ; mais, depuis l'introduction de l'école primaire obligatoire et l'établissement de commerçants métis dans la région, elles ont remplacé leur quechua hispanisé par un espagnol bourré de quechuismes. Il est difficile de calculer le nombre d'habitants de ces communautés, car, ces dernières années, l'émigration vers les villes a augmenté considérablement comme conséquence de la construction de routes vers la côte et vers la forêt orientale. Certaines communautés du haut Imaza, par exemple, sont en train de se vider complètement.

Pinchimuro (Quechua). Petite communauté de soixante-cinq familles, dans la province de Quispicanchis (province de Ocongate), entourée au nord, au sud et à l'est par Lauramarca, aujourd'hui coopérative agricole, autrefois immense hacienda de la région de Cuzco (expropriée selon la loi de réforme agraire de 1969). Isolement géographique, climatique et politique de cette communauté qui a refusé d'être transformée en coopérative. Les Indiens de Pinchimuro ne reçoivent aucune aide : manque d'école, de soins médicaux, de machines agricoles, d'engrais. Vie extrêmement rude à 3 900 mètres d'altitude ; peu de cultures de céréales sauf sur les terrains abrités, culture de la pomme de terre. De janvier à avril, leur seule nourriture est le *chuño* (pomme de terre congelée).

Mapuche (Araucan). La plupart des Mapuche sont concentrés au sud du fleuve Bio-Bio, dans les provinces de Malleco et de Cautin (Chili). Les Mapuche ont résisté à la conquête espagnole, mais en 1850, avec le développement du capitalisme chilien dépendant des marchés étrangers, commence l'expansion de l'agriculture nationale vers les terres occupées par les Mapuche. En 1860 débute la guerre de pacification du pays araucan qui dure environ vingt-cinq ans. A mesure que certaines zones tombent sous le contrôle de l'armée, des civils affluent pour acheter, en les trompant, leurs terres aux indigènes. Un peu plus tard (vers 1920), un autre procédé de dépossession consistera à légaliser la répartition des terres à la communauté afin de pouvoir agir individuellement sur le paysan devenu propriétaire ; la plupart des terres ont été ainsi absorbées dans les *fundos* (grandes propriétés) par endettement, tromperies, déplacement des clôtures. Les Indiens qui demandent justice au « tribunal des Indiens » ne sont jamais entendus.

Fin 1970 et début 1971, quatre cent mille Mapuche, concentrés dans les provinces de Malleco et de Cautin, réduits à pratiquer une économie de subsistance, entamèrent la lutte pour la récupération de leurs terres. En 1970, ils déplacèrent les clôtures, mais l'expérience leur montra les limites d'une telle pratique ; en effet, lors de la redistribution des terres ainsi récupérées, chacun des paysans recevait une part qui ne suffisait pas à sa propre subsistance. C'est alors qu'ils se décidèrent à prendre les *fundos*. Leur mouvement fut brisé par le coup d'Etat de 1973.

III. Forêt amazonienne

Andoke. Caqueta moyen et sud-est de l'Amazone colombienne. Famille linguistique inconnue, mais antérieure aux migrations arawak. Culture « en reconstruction », après les derniers massacres commis par les caoutchoutiers. Autour d'un noyau de vingt-cinq personnes se sont regroupés les derniers survivants, dans leurs territoires traditionnels. Economie mixte traditionnelle : ils vivent à l'écart dans les *malocas,* pratiquent leurs cultures traditionnelles, mais doivent également travailler le caoutchouc pour les Blancs. Après les derniers massacres, on compte cent cinquante survivants.

Bora. Ils constituent un groupe d'environ mille deux cents personnes, divisé en clans exogamiques et patrilocaux. Famille linguistique : macro-tupi guarani (Witoto). Après le boom du caoutchouc — ils étaient estimés à quinze mille par Whillen en 1908 — tout au début du siècle, une partie des Bora fut déportée au Pérou où huit cents d'entre eux habitent aujourd'hui le bassin de l'Ampiyacu (affluent rive gauche de l'Amazone). En Colombie, il y a trois cent cinquante Bora, deux cents Miraña (famille linguistique identique) et soixante-dix Muinañi (famille linguistique identique) qui habitent la région du Cahuinari, les rives de l'Igara-Parana et du Caqueta. Comme les Bora du Pérou, ils sont en contact intermittent avec les Blancs. Les « Chants de la Hache » ont été recueillis chez les Bora de Colombie, le « Chant du sang » chez les Bora du Pérou.

Sikwani. Rive gauche de l'Orénoque, autour des fleuves Meta et Vichada (Colombie). Famille linguistique indépendante : guajibo. La culture des Sikwani est celle du Nord-Ouest amazonien. Certaines communautés refusent le contact avec les Blancs ; certains groupes sont semi-nomades (nomadisme et culture), le long des grands fleuves sont installés des groupes sédentaires qui sont les intermédiaires entre les Sikwani de l'intérieur et les Blancs ; ces derniers sont péons ou cultivateurs. Estimation démographique : dix mille à quinze mille personnes.

Tatuyo. Les Tatuyo, qui se nomment eux-mêmes « Fils de l'Anaconda Céleste », constituent une petite tribu d'environ trois cents individus appartenant à l'ensemble linguistico-culturel tucano. Ils vivent dans de grandes maisons collectives, les *malocas,* sur le cours supérieur du Pira-paraná (Vaupeś, Colombie).

Yanomami. Région du moyen Rio Negro et haut Orénoque (Brésil, Venezuela). Ils habitent dans de grands villages circulaires ou ellipsoïdaux, avec une place centrale entourée de huttes couvertes d'un toit à une seule pente. Leurs villages clairsemés ne comptent guère plus de deux cents habitants. Agriculture prospère, gibier prolifique, cultures sur brûlis (ils défrichent une partie de la forêt tropicale qu'ils brûlent). Peu de contact avec les Blancs, mais combats fréquents entre les villages. Estimation démographique : environ quinze mille personnes.

IV. Guaira-Chaco

Mbya (Guarani). Nord-est du Paraguay, région du Guaira. Quelques groupes dans le Matto Grosso et le Parana (Brésil), un groupe dans la province de Misiones (Argentine). Les poèmes présentés ont été recueillis chez les Mbya du Paraguay. Les Mbya vivent en partie dans les communautés, d'autres sont ouvriers agricoles ou employés dans les scieries. Ce sont les Guarani qui ont conservé le mieux leur identité culturelle et c'est auprès d'eux que l'on a pu recueillir les témoignages les moins acculturés, car ils se sont toujours farouchement opposés à toute assimilation. Estimation démographique : quatre mille ou cinq mille personnes.

Paĩ-Tavyterã (Guarani). Nord-est du Paraguay, près de la frontière avec le Brésil. Ils ont autrefois été regroupés dans les *misiones* des Jésuites. Groupe très acculturé, en particulier sur le plan religieux. Une partie d'entre eux vivent en communauté, mais ils sont pour la plupart ouvriers agricoles dans les plantations. Estimation démographique : environ dix mille personnes.

Aché (ou Axé). Nord-est du Paraguay, un peu plus au sud que les Pai, près de Salto de Guaira. Les Aché sont apparentés aux Guarani linguistiquement et culturellement ; ils ont résisté jusqu'aux années cinquante. Quelques groupes sont encore réfugiés dans la forêt, mais la plupart d'entre eux ont dû se soumettre aux pressions des grands propriétaires appuyés par l'armée et sont parqués dans une réserve, la « Colonia nacional guayaki ». On estime à quatre cents le nombre des survivants.

Mak'a. Chaco paraguayen, en face d'Asuncion, sur la rive droite du fleuve Paraguay (colonie Fray Bartolomé de Las Casas) et un peu plus à l'intérieur des terres. Les Mak'a ont été regroupés dans les réserves de la colonie Fray Bartolomé de Las Casas par le général J. Belaieff. Ils ont conservé une partie de leurs coutumes et leur vie communautaire, mais ils sont très dépendants du tourisme qui, par ailleurs, entraîne la dégradation de leur folklore et de leur artisanat. Estimation démographique : environ huit cents à mille personnes.

Table

Index des groupes cités

LA COLLECTION
ACTION POÉTIQUE

La collection *Action poétique* s'étend dans trois directions principales, où se déploie, s'étend et s'approfondit le travail de la revue :

1. La poésie, française et étrangère, d'hier et d'aujourd'hui, en fonction des préoccupations *actuelles* de la poésie qui se fait. Anthologies, œuvres collectives ou recueil personnel.

2. La réflexion à caractère théorique sur la poésie et les problèmes que son exercice provoque : la poétique, les liens de la théorie et de la pratique, les conceptions en présence, les effets du pouvoir politique, les rapports de production littéraires...

3. Les domaines (linguistique, psychanalyse, histoire, etc.) qui peuvent avoir, *en tant que tels,* à intervenir dans notre travail, mais pour ce qu'ils peuvent avoir de pertinent *sur leur propre terrain.*

Chaque volume est conçu comme une *intervention.*

Parus :

Elisabeth Roudinesco : *Pour une politique de la psychanalyse.*
Serguei Trétiakov : *Dans le Front gauche de l'art,* introduction par Henri Deluy.
Poètes baroques allemands, traduits et présentés par Marc Petit.
Jacques Roubaud : *La Vieillesse d'Alexandre. Essai sur quelques états récents du vers français.*
Françoise Gadet, Jean-Marc Gayman, Yvan Mignot, Elisabeth Roudinesco, *Les Maîtres de la langue.* Avec des textes de Marr, Staline, Polivanov.

A paraître :

Karel Teige : *La Foire de l'art* et autres textes, présentation de Jean-Louis Cohen.
Poètes expérimentaux néerlandais, traduits et présentés par Henri Deluy.
Poètes iraniens d'aujourd'hui, présentés par Alain Lance.
Jean-Pierre Balpe, *La Poésie instituée. Poésie, école, pédagogie.*
Henri Deluy, *Anthologie arbitraire d'une nouvelle poésie.*
G. M. Hopkins, *Textes théoriques,* traduits par Denise Getzler et Jeannine Perruchot, présentés par Jacques Roubaud.
Partition rouge. Récits, contes, poèmes des Indiens d'Amérique du Nord, par Florence Delay et Jacques Roubaud.

ACHEVÉ D'IMPRIMER EN FÉVRIER 1980
SUR LES PRESSES DE L'IMPRIMERIE
LABALLERY ET Cie A CLAMECY
DÉPÔT LÉGAL : 1er TRIMESTRE 1980
NUMÉRO D'IMPRIMEUR : 19448
PREMIER TIRAGE : 2 200 EXEMPLAIRES
ISBN 2-7071-1146-5